U0367089

汉字

里的

中国

许晖 著

藏在汉字里的
古代生活史

化学工业出版社

·北京·

图书在版编目（CIP）数据

藏在汉字里的古代生活史/许晖著. —北京：化
学工业出版社，2020.5（2023.2重印）
（汉字里的中国）
ISBN 978-7-122-36280-3

Ⅰ.①藏… Ⅱ.①许… Ⅲ.①汉字–研究 ②社会生活
–生活史–中国–古代 Ⅳ.①H12②D691.9

中国版本图书馆CIP数据核字（2020）第031615号

责任编辑：周天闻　龚风光　　　　选图、解说：芸　窗
责任校对：刘　颖　　　　　　　　装帧设计：今亮后声 HOPESOUND
　　　　　　　　　　　　　　　　　　　　　　　pankouyugu@163.com

出版发行：化学工业出版社（北京市东城区青年湖南街13号　邮政编码 100011）
印　　装：北京新华印刷有限公司
880mm×1230mm　1/32　印张 10　字数 270千字　2023年2月北京第1版第4次印刷

购书咨询：010-64518888　　　　售后服务：010-64518899
网　　址：http://www.cip.com.cn
凡购买本书，如有缺损质量问题，本社销售中心负责调换。

定　　价：68.00元　　　　　　　　　　　版权所有　违者必究

引言

"中国人的祖先到底是怎样生活的？"

对于这个问题，相信很多人都会感兴趣。毕竟，"我们从哪里来"的原初性疑问彰显了人类寻根的本能冲动。

而在传承数千年的汉字象形系统中，埋藏着古代生活史的蛛丝马迹。这就是编撰《说文解字》的东汉学者许慎在该书的"序"中所道出的造字原则："近取诸身，远取诸物。"所谓"近取诸身"，就是从身边的日常生活中取象；所谓"远取诸物"，就是从远处的万事万物中取象。

"近取诸身"，古人在造字时，把日常生活的方方面面，一笔一画地用图画的形式契刻而成为象形文字。因此，从这一类汉字中就可以窥见祖先生活之一斑。

闲言少叙，举例为证。用作货币的"贝（貝）"，甲骨文中的字形全部都是子安贝的形状。子安贝是出产于遥远的南海的海贝，而商代的墓葬中竟然有大量出土，更早的河南偃师二里头文化遗址中也出土有十二枚，甚至四千多年前的山西襄汾陶寺遗址中也发现了子安贝。

因此，"贝"这个字传递出来的信息是：商代及其更早的时期，中原和南海之间有着畅通而且发达的贸易渠道。商人不辞辛劳，远行到南海去捞取或交换子安贝，拿到手了，就是"得"，"得"字就是这样造出来的；

作为货币的"贝"，以"朋"为计算单位，一"朋"有二贝、五贝、十贝之说，"朋"就是连系在一起的两串贝，引申到人的身上，就是朋友；而"买（買）"和"卖（賣）"，显然指拿着贝去买、卖东西……所有带有"贝"的汉字都和钱财有关，比如货、资、贫、财、债、贿、赊、购、赏、贼、质、宝（寶）等。

　　这个例子，就是用"贝"串连起来的与货币有关的古人的生活史。

　　这本小书，把101个汉字分为饮食、服饰、居所、出行、狩猎、食货六个专题，从"近取诸身"的造字原则入手，详细讲解中国人的祖先日常生活中的有趣景象。

目 录

饮食篇

服饰篇

居所篇

出行篇

出行篇

榴欄篇 ———— 狩猎篇

食俽篇 ———— 食货篇

饮食篇

在火上烤一块肉

脍炙所同也，羊枣所独也

——《孟子》

①

"炙"这个字牵涉我国古代各种烧烤肉食的方法。

炙，小篆字形 ①，这是一个会意字，意思简单明了，就是一块肉放在火上烤。《说文解字》中收录了一个古文字形 ②，上面肉的形状更加明显。

《说文解字》："炙，炮肉也，从肉在火上。"古时带毛的肉在火上烧，或者用泥裹起来烧叫炮（páo）；将去毛的肉直接放在火上猛烤叫燔（fán）；将去毛的肉在火上熏烤叫炙（zhì）。《诗经·瓠叶》中的这段描述很传神："有兔斯首，炮之燔之。""有兔斯首，燔之炙之。"对待兔子头这道美味，先涂泥裹烧去毛，然后在火上猛烤，最后再在火上慢慢熏烤。由此，"炙"也可以引申为名词，意思是烤熟的肉食。比如李白有诗："将炙啖朱亥，持觞劝侯嬴。"将烤熟的肉给朱亥吃，举起酒杯向侯嬴劝酒。

孟子说过一段话："奋乎百世之上，百世之下闻者莫不兴起也。非圣人而能若是乎？而况于亲炙之者乎？"意思是：百代之前奋发有为，百代之后听说的人没有不振作奋发的。不是圣人能像这样吗？更何况亲身受到过他们熏陶的人呢？朱熹解释"亲炙"一词："亲

近而熏炙之也。"我直接在您面前被您烧烤，比喻直接接受别人或老师的教诲或传授。"炙"的这个意思还体现在成语"炙手可热"中，杜甫有诗："炙手可热势绝伦，慎莫近前丞相嗔。"刚刚接近就感觉烫手，比喻权势者气焰之盛。刚刚烤熟的肉很热，因此"炙"又引申出在太阳底下曝晒的意思。嵇康所作《与山巨源绝交书》中有一句话："野人有快炙背而美芹子者，欲献之至尊，虽有区区之意，亦已疏矣。"意思是乡野之人晒太阳取暖，以阳光曝晒背部为快事，又以随处可见的水芹为美味，于是就想将这两样东西献给皇帝，表示对皇帝的效忠。如此微薄又毫不稀罕的两样东西，野人却认为是世间至乐，真是可笑之极！因此嵇康感叹说："虽有区区之意，亦已疏矣。"

最有趣的是"脍炙人口"这个成语。脍读作kuài，指切细的肉或鱼。《孟子·尽心下》中讲了一个故事。曾子（即曾参）的父亲曾皙（即孔子的学生曾点）喜欢吃羊枣。羊枣是一种黑枣，因为颜色和形状都像羊屎，所以俗称"羊矢枣"。曾子的父亲死后，曾子从此就不再吃羊枣。孟子的学生公孙丑对曾子的这种做法很不理解，于是向老师请教说："脍炙与羊枣孰美？"切细的肉、烤肉和羊枣相比，哪个味道更好？

孟子回答道："这还用问？当然是脍炙的味道更好了。"

公孙丑又问："曾子的父亲生前同样也喜欢吃脍炙，如果是为了纪念父亲，他干脆连脍炙也不要吃了，为什么偏偏不吃羊枣？"

孟子回答道："脍炙是人人都喜欢的，羊枣却只有曾皙一个人喜欢吃。就像避讳是避讳名而不避讳姓，姓是人人都有的，而名是一个人独有的。"古时候，遇到和父亲的"名"相同的字时，就要避讳这个字，或者有意缺笔，或者用同音字替代，但是却不用避讳姓，这是因为"姓"是人人都有的，而"名"则是一个人独有的。"脍炙所同也"，脍炙就像"姓"，是人人都喜欢的；"羊枣所独也"，羊枣就像"名"，只有曾皙一个人喜欢吃。因此曾参就像避讳独有的"名"一样，避讳父亲爱吃的羊枣。

　　听了老师这番深入浅出的解释，公孙丑恍然大悟，我们也恍然大悟。

　　孟子的原话是"脍炙所同也，羊枣所独也"，后来人们就从这句话里引申出"脍炙人口"这个成语，用来形容人人都赞美的事情或者诗文。

酌

用勺子从酒器里舀酒

且喜得斟酌，安问升与斗 ——王维

❶

斟酌连用，是反复考虑，然后再决定取舍的意思。

先说酌，金文字形❶，这是一个会意兼形声字，左边是一尊酒器，右边是一个长柄的勺子，会意为从酒器中舀酒。小篆字形❷，接近金文，不过勺子的形状有所变化。

《说文解字》："酌，盛酒行觞也，从酉勺声。"段玉裁解释道："盛酒于觯中以饮人曰行觞。"觯（zhì）是一种酒器。《诗经·卷耳》中有诗曰："我姑酌彼金罍"。罍（léi）也是一种盛酒器，意思是我姑且把金罍里斟满美酒。李白有"花间一壶酒，独酌无相亲"的名句，"独酌"就是自个儿给自个儿"盛酒行觞"。"酌"还用作酒的名字，祭祀时所用的清酒叫"清酌"。

再说斟，小篆字形❸，这是一个形声字，从斗甚声。《说文解字》："斟，勺也。"就是说用勺子舀酒。"斟"和"酌"都是倒酒的意思，那么二者有什么区别呢？二者的区别非常细微：酒倒得不满叫"斟"，倒得溢了出来叫"酌"，所谓"斟酌损益"是也。因此，倒酒的时候，"斟"得不满了要再加一点，"酌"得过多了要再减一点，贵在适中，所以需要反复掂量，把酒倒得恰到好处，故称"斟酌"，这就是"斟酌"一词的本源。王维有诗："且喜得斟酌，安问升与斗。"这个"斗"的

❷　　　　　　　　　❸

量词就是"斟"的形旁。

　　"斟酌"一词出自《国语·周语》。跟"斟酌"有关的这段话非常有名，因为从这段话里还诞生了两个成语。周厉王暴虐无道，国人编了很多民谣骂他，邵公告知厉王这种民怨沸腾的情况，说："民不堪命矣！"老百姓无法再活下去了！可厉王非但不改过，反而雇用了一批特务对国人进行监视，结果谁都不敢发牢骚了，连路上互相碰到也不说话，只能"道路以目"，这是诞生的第一个成语。

　　厉王一看大见成效，喜滋滋地对邵公说："你看，再也没有人说我的坏话了！"邵公回答说："防民之口，甚于防川。"这是诞生的第二个成语。接着邵公又劝说厉王不能采取堵百姓之口的办法，而应该去疏导，文武百官都有各自的职责，应该尽其所用，只有这样百姓才会安定下来。其中有一句话："耆艾修之，而后王斟酌焉，是以事行而不悖。""耆（qí）艾"乃尊长、师长、长老，是对老年人的尊称，"耆艾"的职责是最后修正百官的作为，提建议给国君，国君再加以"斟酌"，这样才不会做出悖谬的举动。

　　邵公的这番忠告厉王根本就没听进去，也根本不愿加以"斟酌"，照样施行暴政，人们都不敢发言，但是三年之后，国人暴动，厉王遭到了流放的命运。

　　《荀子》的《富国》篇中也是这个意思："故明主必谨养其和，节其流，开其源，而时斟酌焉。"顺便说一下，"开源节流"的成语就出自《荀子》。古人真是太了不起了，随口说一句话就变成了风行两千多年的成语！

《唐人宫乐图》
唐代佚名绘，绢本设色，台北"故宫博物院"藏

这幅画描绘了十几名后宫嫔妃，围坐于一张方形大案四周，宴饮作乐。有的品茗，有的行令，有的奏乐。旁立的两名侍女中，有一人轻敲牙板，为她们打着节拍。有研究者认为这些女子的身份是宫廷乐师，她们化着"桃花妆"，衣着华美艳丽，打扮入时，自得其乐，个个气度雍容。方桌正中，是一个大茶釜，里面是煎好的茶汤。一个女子正专注地用茶勺从茶釜中盛茶汤，分入茶盏以备饮用。茶勺柄杆有一臂之长，茶盏为大碗状，有圈足，便于把持。有两个女子正持盏而饮。桌上另有饮酒用的羽觞，与茶盏相比小巧多了。

这幅画被断代为晚唐，图中所绘绷竹席的长方案、腰子状月牙几子等器物均与晚唐的时尚极为相合。彼时陆羽的《茶经》已写成，"煎茶法"正在风行。画中女子"斟酌"的虽非美酒，其大碗畅饮之态却豪迈洒脱，胜似饮酒。

点燃木柴来照明

雷电尞，获白麟 ——《汉书》

❶

"尞"是一切带有这个部件的汉字的源头，虽然稍显生僻，但是这个汉字中包含了古人用火照明制度的原始信息，因此值得加以探究和讲解。

尞，甲骨文字形❶，可以看得很清楚，中间是交叉在一起便于堆积起来的木柴，两旁的小点代表火星。罗振玉先生在《殷墟书契考释》中指出："今此字实从木在火上，木旁诸点，像火焰上腾之状。"甲骨文字形❷，下面又添加了一个"火"字。需要说明的是，甲骨文的"火"和"山"这两个字每每相近，必须就具体的卜辞辞例来加以辨别。金文字形❸，与甲骨文字形❷大同小异。小篆字形❹，规整化之后，跟我们今天使用的"尞"字一模一样了。

徐中舒先生在《甲骨文字典》中总结说："像木柴交积之形，旁加小点像火焰上腾之状，下或从火，会燔祭而祭之意。"所谓"燔（tán）祭"，是指将整只祭牲用火烧熟从而祭祀的方式。许慎在《说文解字》中也是这样释义的："尞，柴祭天也。"即堆柴祭天之意。

不过，张舜徽先生在《说文解字约注》一书中就此质疑道："燔柴祭天，乃礼文大备以后之事，远古固无

②　③　④

有也。"因此"尞"的本义是："盖上世未有宫室，野居穴处，夜惟焚柴
于地以取明。"

　　这一质疑很有道理。古人在"尞"的上面加了一个屋顶"宀"，又造
出"寮"这个字，燔柴祭天不可能在屋内进行，因此"寮"的本义一定是
使用火来照明。古代文献中有非常详尽的记载，比如《诗经·小雅·庭燎》
一诗："夜如何其？夜未央。庭燎之光，君子至止，鸾声将将。夜如何其？
夜未艾。庭燎晣晣，君子至止，鸾声哕哕。夜如何其？夜乡晨。庭燎有辉，
君子至止，言观其旂。"

　　"晣（zhé）"，明亮；"哕哕（huì）"，有节奏的车铃声；"旂（qí）"，
上绘交龙、竿头系铃的旗。这是一首赞美国君早朝勤政的诗篇，马持盈先
生的白话译文为："'夜间什么时候了？''夜尚未尽。'天子便起床，
燃大烛以视朝。诸侯们也来朝见了，车马的铃声，将将地响着。'夜间什
么时候了？''夜尚未尽。'天子便起床视朝，庭燎亮起来了，诸侯们也
来朝见了，车马的铃声，哕哕地响着。'夜间什么时候了？''天快亮了。'
天子便起床视朝，庭燎光亮起来了，诸侯们也来朝见了，可以看见他们的
旗帜了。"

　　远古时期，正如徐中舒先生所说，野居穴处的时候，只能焚柴于地，
点起篝火来照明；发展到《诗经》时代，已经有条件制作"庭燎"了。"庭
燎"以芦苇为干，用布缠裹，再用油脂浇灌；将"庭燎"举起来就叫"烛"，

因此古时的"烛"其实就是火炬，自晋代才发明了蜡烛。

以上即为"尞"的本义，燔柴祭天不过是其引申义而已。《汉书·礼乐志》记载有"雷电尞，获白麟"的郊祀歌，就是指引申而来的"尞祭"。尞祭之时，神灵回应，声若雷，光若电，然后获"一角而五趾"的白麟，是为祥瑞之兆。

"尞"字后来加以分化：本义写作"燎"；给"尞"加表示屋顶的"宀"字头造出"寮"字，表示多人饮食起居同于一室，引申为官府的称谓；给"尞"加表示奔走、疾走的"辵（chuò，俗称走之旁）"造出"遼（辽）"字，表示远离、遥远；给"尞"加"人"字旁造出"僚"字，表示一起在官府做官的人，也就是今天还在使用的"同僚"的称谓；焚柴照明必有窗以散烟气，于是又给"尞"加表示孔洞的"穴"字头造出"窙"字，表示小窗，因此同窗的同学亦可称"同僚"（亦作"同窙"）。

《诗经·小雅·南有嘉鱼之什图卷·湛露》
（传）南宋马和之绘、赵构书，绢本设色，美国波士顿艺术博物馆藏

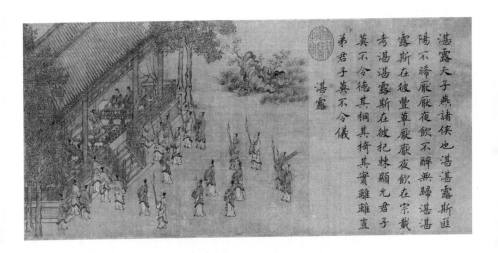

马和之，生卒年不详，钱塘人，南宋画家，官至工部侍郎。擅画人物、佛像、山水，被誉为御前画院十人之首。他自创柳叶描，行笔飘逸，着色轻淡，人称"小吴生"。宋高宗和宋孝宗曾书《毛诗》三百篇，命马和之每篇画一图，汇成巨帙。其作笔墨沉稳，结构严谨，笔法清润，景致幽深，较之平时画卷，更出一头地。该系列摹本众多，存世至今约16卷，风格、水平不一，散藏于几大博物馆。

《湛露》是一首天子宴飨诸侯的乐歌。宴饮是在夜间进行的，时值清秋，夜深露浓。远处丰草萋萋，宗庙四围遍植杞、棘等灌木，近户是扶疏的桐、梓一类乔木，树上挂满果实。厅内灯火通明，杯觥交错，显然是宾主尽欢，不醉不归。庭中，大约是诸侯的侍从们，皆举着"庭燎"等候多时了。这些"大烛"火焰熊熊，与厅内灯盏交相辉映，烘托出明快欢乐的气氛。

❶

❷

味

口中尝到了禾穗的滋味

鼎前芍药调五味，膳夫攘腕左右视　——柳宗元

《说文解字》说："味，滋味也。"但是"味"字为什么会当作滋味讲，许慎却言之不详。

要解释"味"这个字，必须先从"未"讲起。

未，甲骨文字形❶，《说文解字》："未，味也。六月，滋味也。五行，木老于未，象木重枝叶也。"许慎把"未"的这个字形看成树木重重的枝叶的形状。但是这个字形又怎么表示滋味呢？段玉裁注："未者，言万物皆成，有滋味也。"但郭沫若先生有不同的看法，他认为"未"就是"穗"的本字，甲骨文的字形就是一株穗的形状，是个象形字，后来"未"字被假借为别的义项，人们于是又造了一个"穗"字来代替"未"字所表示的本义。未，金文字形❷，小篆字形❸，都与甲骨文的字形相差不大。

"未"的本义既然是穗，那么"味"字的字形就看得很清楚了。

味，小篆字形❹，在"未"的左边添加了一个"口"，是个会意兼形声的字，会意为口吃作为农作物的穗，尝到了滋味，"未"也兼表声。清代字书《六书通》收录了"味"字的另外一个篆体字字形❺，右边穗的形状看得更加清晰。

柳宗元有诗："鼎前芍药调五味，膳夫攘腕左右

③

④

⑤

视。"古人认为"味不过五",因此有"五味"之说。五味即酸、甜、苦、辣、咸五种味道,现在还有"五味俱全"的成语。《礼记·礼运》:"五味、六和、十二食,还相为质也。"这里出现了古人对食物的有趣见解。六和,郑玄解释道:"和之者,春多酸,夏多苦,秋多辛,冬多咸,皆有滑、甘,是谓六和。"孔颖达则解释道:"以四时有四味,皆有滑有甘,益之为六也,是为六和也。"此处的意思是把五味之一的甜(甘)分离出来,四时有酸、苦、辣(辛)、咸四种味道,用滑和甘来调制这四种味道,即《周礼》所说"调以滑甘",称之为六和。

甘就是甜,那么什么是"滑"呢?"滑"是使菜肴变得更加柔滑可口的佐料,其实就是米或某些谷物磨成的粉,米粉可使菜肴柔滑,因此古人还用米粉作为化妆品,涂到脸上可使脸部光洁柔滑。今天人们做饭时经常使用的芡粉也就是"滑"的一种。十二食,指人在一年十二个月中所吃的不同食物。"五味、六和、十二食,还相为质也",五味、六和、十二食,互相为本,只有这样才能使饮食遵循四季的变化,才是健康的饮食习惯。

《黄帝内经》中早就指出:"味过于酸,肝气以津,脾气乃绝;味过于咸,大骨气劳,短肌,心气抑;味过于甘,心气喘满,色黑,肾气不衡;味过于苦,脾气不濡,胃气乃厚;味过于辛,筋脉沮弛,精神乃央。是故谨和五味,骨正筋柔,气血以流,腠理以密,如是,则骨气以精,谨道如法,长有天命。"因此调和五味乃是中国传统饮食的精髓所在。

饮

❶

❷

一个人趴在酒坛子上痛饮

饮之食之，教之诲之　——《诗经》

"饮"这个汉字的演变过程极其复杂，最初写作"歙"，但这个字过于复杂，在漫长的字形演变过程中，将左边改成了"食"，"食"是带盖的食器，里面装的并非饮品，但因书写简便，因此用来会意为饮用。

我们来看"饮"字的初文"歙"。甲骨文字形❶，这是一个会意字，而且会意的过程十分复杂，显示出古人造字时的智慧。左下角是一个酒坛子，右边是一个俯身的人，手掌还伸出去搂着酒坛子，酒坛子上面是这个人伸出的长长的舌头。整个字形会意为从坛中饮酒。甲骨文字形❷，在舌头的上方，多了一只张大的嘴巴。金文字形❸，加以简化，人俯在酒坛子上饮酒，其余部分都省略了。金文字形❹，左边的酒坛子上添加了一只盖子，右边是张大口的人，口中的一横代表舌头。金文字形❺，右边的人形变得更加复杂，写出这个字的古人，大概是想表达迫切想喝到酒的心情吧。小篆字形❻，左边还是带盖的酒坛子，但是右边的人形看得不太分明了。

《说文解字》："歙，歠也。""歠（chuò）"和"歙"同义，都是喝的意思。从字形演变来看，"饮"的本义应该是饮酒，引申为只要可以喝的东西都叫"饮"。周

③　　　　　④　　　　　⑤　　　　　⑥

代有浆人的官职，负责掌管天子的六种饮料，称作"六饮"，分别是：水；
浆，即酢（cù）浆，一种含有酸味的饮料；醴，甜酒；凉，薄酒；医，即
梅浆，梅子的浆汁；酏（yǐ），薄粥。这"六饮"是天子的日常饮料，并
不都是酒类。

　　不管是饮水还是饮酒，都有一个把水或酒含在口中的过程，因此"饮"
又可以引申为含、忍之意，比如江淹《恨赋》中有"自古皆有死，莫不
饮恨而吞声"的名句，"饮恨"与"吞声"并举，"饮恨"即为含恨之意。"饮
泣"是泪流满面以致流进了口中，形容极度悲痛。"饮气"则为忍气之意。

　　"饮"还有一个比较有趣的义项，"饮"是喝进了肚子里，因此可
以引申为没入，比如饮弹是中弹的意思，子弹射进并没入了身体内部。神
射手养由基一箭射向石头，"矢乃饮羽"，高诱解释说："饮羽，饮矢
至羽。""羽"是箭尾上的羽毛，此箭没入石头直至箭尾上的羽毛，可
见臂力之大。

　　"饮"还可以用作动词，当作动词时读作"yìn"，把水给人或牲畜喝，
或者用酒食款待客人。《诗经·绵蛮》中有三句这样的诗句："饮之食之，
教之诲之。"就是这样的用法。古时的羊贩子有一种欺诈手段，叫作"饮
羊"，一大早让羊喝饱水，以便增加重量，后人就用"饮羊"来比喻以欺
诈手段做生意牟利。古籍中常见"有饮马长江之志"之说，在长江边饮马，
即将渡江南下进行征伐。这些用法中，"饮"都必须读作"yìn"。

《教训 亲之目鉴 所谓放荡女子》（教訓 親の目鑑 俗ニ云ばくれん）
喜多川歌麿绘，约1802年

　　作为"大首绘"的创始人，喜多川歌麿（1753—1806）代表
着美人画的巅峰。他活跃于日本浮世绘黄金时期，以纤细高雅的
笔触绘制了许多以头部为主的美人画，竭力探究女性的喜怒哀乐
与种种微妙情态之美。他笔下的美人形象不再是千篇一律，而是
各具情感个性。
　　《教训 亲之目鉴》系列是歌麿晚期杰作，以长辈口吻对年
轻女子的种种行为提出忠告。这幅画描绘了一个正在饮酒、食蟹
的女子，可能是放任自己沉溺于饮食享乐，被长者认为行为不
检。有趣的是画面右上方的眼镜与女子手中的高脚玻璃杯都是当
时通过荷兰贸易代表团带到日本的舶来品，让画面呈现一种摩登感。
女子衣衫松散，意态慵懒，带着一种满不在乎的风情。虽然是描
绘作者看来不值得提倡的行为，笔触却细腻雅致，色调柔和，显
得她肌肤温润，神态天真。

❶　　　　　　　❷

带盖的食器里满溢的食物

子曰："君子谋道不谋食。"君子谋虑的是道而不是饭食。食，甲骨文字形 ❶，这是一个象形字，下面是一个食器，食器中的一点代表里面装的食物，上面是一个三角形的盖子。甲骨文字形 ❷，食器腹部两侧的两点代表食物多得溢出来了。金文字形 ❸，食器下面的底座加以简化。金文字形 ❹，食器下面的底座变得美观了。小篆字形 ❺，失去了食器的样子，不过底座变得更加美观。

六谷之饭曰食，"六谷"指稌（tú，稻子）、黍、稷、粱、麦、苽（gū，菰米），因此"食"的本义为饭食，名词，后来引申为动词，可以当作"吃"解。古人说："王者以民人为天，而民人以食为天。"不管古今中外，"食"都是人类最重要的保障，因此在造这个字的时候，我们的先民经常会像甲骨文字形 ❷ 一样，让食器中的食物满溢，以至于溢出了食器之外。这是古人朴素的愿望。

古人对"食"有非常严格的规定，据《论语·乡党》载，其中有一条是："不时，不食。"意思是不到吃饭时间不能"食"。现在我们的生活习惯是一日三餐，但是在先秦时期，则是一日二餐。《孟子》中说："贤者与民并耕而食，饔飧而治。"饔（yōng）和飧（sūn）都是熟食，区别是早餐称"饔"，晚餐称"飧"。有个成语叫"饔飧不继"，意思是吃了早饭没有晚饭，形容穷困。

③　　　④　　　⑤

早餐近午时分（上午十一点至下午一点）才吃，晚餐申时（下午四点）乃食。殷代甲骨文中有"大食""小食"之别，即早餐、晚餐，这和古人"日出而作，日入而息"的生活习惯是相符的。

秦汉之后，一日二餐制开始逐渐改为一日三餐制。郑玄说："一日之中三时食，朝、夕、日中时。"早餐叫"朝食"，有个成语叫"灭此朝食"，意思是歼灭了敌人再吃早饭，以展示英雄气概；午饭叫"昼食"；晚饭叫"晡（bū）食"，也就是申时吃饭。

"食"还有背弃的意思，如"食言"一词。《康熙字典》："吐而复吞曰食。"吃下去的食物，吐出来再咽下去叫"食"。在这个字义的基础上，《尔雅》进一步解释道："言而不行，如食之消尽，后终不行，前言则伪，故通谓伪言为食言。"言而不行，说过的话、做过的承诺却不去实行，就像吃下去的食物消化完了什么都没有了一样。说出口的话是从无到有，消化完了的食物是从有到无；话既出口，本来已经存在了，却又把它吞了下去，最终变得什么都没有了，不就像消化完了的食物一样吗？因此这说出口的话就是伪言，就是食言。

鲜为人知的是，"三食"不仅指一日三餐，还有一个有趣的用法，指不肖子弟变卖祖传的庄园、书籍和奴婢度日。宋人孙光宪在《北梦琐言》中解释了这个有趣的典故："不肖子弟有三变：第一变为蝗虫，谓鬻庄而食也；第二变为蠹鱼，谓鬻书而食也；第三变为大虫，谓卖奴婢而食也。三食之辈，何代无有。"

① ②

臭

狗闻着气味寻踪追迹

朱门酒肉臭，路有冻死骨

——杜甫

"朱门酒肉臭，路有冻死骨。"杜甫的这句诗是封建统治阶级奴役劳动人民的典型写照。其中最显眼的当然是"臭"字，但是如果把"臭"理解成发臭的"臭"，这句诗就变得不符合逻辑了。

朱门，当然是指有权有钱人家的大门了，只有他们才有资格把门漆成大红色。朱门里面大吃大喝，吃不完的就倒在外面（不管是大街上还是下水道），结果时间长了就变臭了。作为对比，朱门的酒肉变臭了，可是路边却赫然罗列着贫民、流民的白骨，这是一个多么鲜明的对比啊！贫富分化，杜甫的诗于是成了典型的教科书式的榜样。

这样的理解是阶级分析法的一厢情愿。因为就像穷人在深冬的寒夜被冻死了一样，朱门里面吃剩的酒肉倒了出来，难道就不会冻得一点儿气味都没有了吗？死尸闻不到臭气，酒肉当然也就闻不到臭气。大自然的冰箱不管对"冻死骨"和"酒肉"都是一视同仁的。

这样错误的理解是由于不懂得"臭"这个字所导致的。

臭，甲骨文字形 ❶，这是一个会意字，上部为"自"，

❸

❹

是鼻子的形状。最初没有"鼻"这个字，古人就用"自"来指称鼻子。直到今天，人们说到自己的时候，还总是指着自己的鼻子。"臭"的下部是一只犬，头朝上，腿朝左，尾巴朝下。甲骨文字形❷，这只狗面朝右。明清之际的《六书通》还收录了一个篆体字形❸，字形更加美丽。小篆字形❹，变化不大。

狗是中国古人最早驯化的动物之一，古人深深懂得狗的嗅觉特别灵敏，因此用鼻子和犬会意为"臭"字。《说文解字》："臭，禽走臭而知其迹者，犬也。"段玉裁注："走臭犹言逐气。犬能行路踪迹前犬之所至，于其气知之也，故其字从犬自。自者，鼻也。引申假借为凡气息芳臭之称。"

古人云："古者香气秽气皆名之臭。"《广韵》："凡气之总名。"清代文字学家朱骏声解释道："人通于鼻者谓之臭。臭者，气也。"孟子曰："口之于味也，目之于色也，耳之于声也，鼻之于臭也，四肢之于安佚也，性也。"《诗经·文王》："上天之载，无声无臭。"这几处的"臭"都作为气味之总名解。"臭"这个字最早应该读作 xiǔ，是动词，意思是闻气味，不管什么气味，包括香的臭的都闻。如果作为名词，"臭"是气味的总名，所有的气味——香、臭、腥、臊——全都可以叫"臭"。此之谓"凡气之总名"。

作为佐证，《易经》中说："同心之言，其臭如兰。"意思是说：如果咱俩同心同德，那么咱俩说出来的话，其气味就像兰花那样馥郁芳香。

这个"臭"哪里还有咱们今天以为的发臭的意思？简直就是知己和恋爱男女之间的吐气如兰啊！

因此，"朱门酒肉臭，路有冻死骨"全句的意思跟普通的理解大相径庭——朱门里面的酒肉散发出绵绵不绝的香气，朱门外面的路上却因为天寒地冻，冻死了无数的穷人，有的穷人死的时间长了，白骨都露出来了。

把水酿的酒存进酒坛

风吹柳花满店香，吴姬压酒劝客尝 ——李白

① ②

　　"酒"这个字的起源很早，所以甲骨文中出现了大量的"酒"字，造型不一，但大同小异。

　　酒，甲骨文字形 ❶，这是一个会意字，中间是一个酒坛子，左右两边是水形，表示用水酿酒。甲骨文字形 ❷，右边是酒坛子，左边是点点酒出的酒滴或者酿酒所用的水。金文字形 ❸，水移到了酒坛子的下部。金文字形 ❹，酒坛子里面的水形更形象。小篆字形 ❺，结构又回复到甲骨文的字形。

　　《说文解字》："酒，就也，所以就人性之善恶。从水从酉，酉亦声。一曰造也，吉凶所造也。古者仪狄作酒醪，禹尝之而美，遂疏仪狄。杜康作秫酒。"许慎所说，乃是因为酒的危害所生发出来的劝诫含义，并非"酒"的本义。

　　我国古代关于酒的制度早在周代时就已经完备，周代专门设有酒正和酒人的官职，酒正是酒官之长，酒人的职责是："酒人掌为五齐三酒。"举行祭祀等事务时负责给宾客供酒等相关事宜。此处提到的"五齐三酒"是关于酒的详细分类，"五齐"分别是："泛齐"，酒色最浊，上面有浮沫，故称"泛齐"；"醴齐"，甜酒；

❸ ❹ ❺

"盎齐"，白色的酒；"缇齐"，丹黄色的酒；"沈齐"，酒糟和渣滓下沉的酒。"三酒"分别是："事酒"，有事时才酿制的，时间较短；"昔酒"，久酿的酒，冬酿春熟；"清酒"，酿制时间最长的酒，冬酿夏熟。

"五齐"就是所谓的"浊酒"，是相对"清酒"而言的。"清酒"是质量最好的酒，专用于祭祀的场合，"浊酒"虽然比不上"清酒"，但也不能说就是劣质酒，只不过相对"清酒"而言色泽稍微混浊而已。

与今天的蒸馏酒不同，三酒五齐都是发酵后直接饮用的酒，度数当然也就没有今天的白酒高。蒸馏酒的技法是从元朝才开始出现的。"浊酒"因为是现酿，不易保存，必须酿好就喝，所以李白的诗中说"风吹柳花满店香，吴姬压酒劝客尝"，压酒即把刚刚酿好的酒的酒汁和酒糟分开。

酿酒需要耗费大量的粮食，因此历朝历代都有为时或长或短的禁酒令，人们也就忌讳说"酒"这个字，于是出现了许多有趣的称呼：称清酒为圣人，浊酒为贤人。还称清酒为"青州从事"，青州有齐郡，"齐"和"脐"同音，意思是清酒的酒气可以一直到达肚脐；称浊酒为"平原督邮"，平原有鬲县，"鬲"和"膈"同音，意思是浊酒的酒气只能到达膈膜以上。

三国时，有一年蜀国大旱，粮食不敷应用，于是刘备颁布了禁酒令，不准把宝贵的粮食拿来酿酒，派官吏深入家家户户搜查，发现酿酒的器具统统予以没收，并施以重刑，弄得怨声载道。有一天，简雍陪同刘备出门，路上看到一对青年男女一起走路，简雍目不转睛地盯着他俩，故作紧张地拉着刘备的袖子说："快！快！快！快派人把这个男的抓起来！他想要去行淫秽之事！"刘备一听大为惊奇，问道："你怎么知道他要去行淫？"简雍回答道："他明明长着男性生殖器啊！就跟那些私藏酿酒器具的人一样啊！"刘备听了哈哈大笑，回去后就让人赦免了那些私藏酿酒器具但是并没有酿酒的人。

《彩绘帝鉴图说》（Recueil Historique des Principaux Traits de la Vie
des Empereurs Chinois）之"戒酒防微"
约 18 世纪，法国国家图书馆藏

《帝鉴图说》由明代内阁首辅、大学士张居正亲自编撰，是供当时年仅十岁的小皇帝——明神宗（万历皇帝）阅读的教科书，由一个个小故事构成，分两编，"圣哲芳规"编讲述历代帝王励精图治之举，"狂愚覆辙"编剖析历代帝王倒行逆施之祸，每个故事均配以形象的插图。此彩绘版《帝鉴图说》大致绘制于清代早期，可能是当时的外销画，传入欧洲后添加了法文注释，并按照西方图书装订方法粘合成册。画面严谨工丽，略具西洋透视技法。

　　"戒酒防微"的典故出自"夏史纪"：禹时仪狄作酒，禹饮而甘之，遂疏仪狄，绝旨酒，曰："后世必有以酒亡国者。"仪狄是相传夏禹时一位擅长酿酒的人。大禹为防止自己经不住美酒的诱惑而乱政误国，便预先疏远其人其酒，自律之严令人钦佩。画面上捧着酒坛边回头边向外退出的就是仪狄了。大禹之言倒像是为他做了最佳的美酒广告呢。

❶

❷

解

用手或刀把牛头剖开

不堪春解手，更为晚停舟

——秦观

"解"是一个义项繁多、读音繁多的字，但所有义项都是从最原始的义项引申出来的。

解，甲骨文字形❶，这是一个会意字，最下面是一个牛头，牛头上面是一只大牛角，大牛角旁边是两只手，两只手用力，将牛角从牛头上掰下来。甲骨文字形❷，牛角左右还溅出了两点血滴。金文字形❸，同于甲骨文。金文字形❹，最上面的那只手变成了"刀"。小篆字形❺，直接从金文演变而来，规范化了。

《说文解字》："解，判也，从刀判牛角。"因此"解"的本义就是用刀把牛角剖开，后来把解剖任何东西都称作"解"。从它的本义来理解，最著名的就是"庖丁解牛"的典故了："庖丁为文惠君解牛，手之所触，肩之所倚，足之所履，膝之所踦，砉然响然，奏刀騞然，莫不中音，合于桑林之舞，乃中经首之会。"庖丁可不仅仅是"解"牛角，而是技艺娴熟地将一头整牛都给"解"开了，真乃神乎其技！"解"的其他一切义项——离散、脱去，解释，排解，等等——都是从这个本义而引申出来的。

"解"字最奇特的用法是"解手"一词。这个词最初的意思是指分手，韩愈《祭河南张员外文》："两

❸ **❹** **❺**

都相望，于别何有。解手背面，遂十一年。君出我入，如相避然。"还有
秦观的名句："不堪春解手，更为晚停舟。"都是分手、离别的意思。《水
浒传》中还出现了一种随身携带的小佩刀叫作"解手刀"，又称"解手尖
刀""解腕尖刀"，当是取壮士断腕的意思，指危难之际，壮士以此断腕，
后来就取了这个意思，将随身携带，便于立刻出手的小佩刀称作"解手刀"。
至于当作上厕所的意思使用，通常的说法是明初北方大移民，官吏将移民
的手绑在一起，串成一串，押解上路，防备他们逃跑，上厕所的时候需要
将捆绑的绳子解开，故称"解手"，一直沿用到了今天。

　　"解"的本义是解剖，剖开牛角是为了送人或者烹煮，因此引申出送、
押送等义项。当作这个义项的时候，应该读作四声 jiè，比如押解、解差（押
解犯人的差役）。唐宋时举进士，由地方推荐发送入京也称"解"，取其
"送"的意思。比如各州的考试称作"解试"，就是从"送"入京城而来。
从明代开始，乡试的第一名称为"解元"，也是因为中试的举子们还要送
入京城参加更高级别的考试。

　　"解"字还有一个读音，读作 xiè，当作姓氏时必须读这个音，比如
明代著名学者解缙。有一种能辨别曲直的神兽叫解豸，见到人争斗就用角
去顶坏人，这里的"解"和"獬"是通假字。《诗经·烝民》中的名句：
"夙夜匪解，以事一人。"这里的"解"跟"懈"也是通假字，全句意思
是：早晚都不松懈，服侍周王一人。

鲜

❶

❷

生鱼就像羊一样鲜美

治大国若烹小鲜 ——《老子》

"鲜"是一个非常有趣的字，唯汉语才有，拼音文字中没有相对应的字眼儿，因此可称地地道道"最中国"的汉字。

不过在汉代以前，当作新鲜的义项使用的是"鱻"这个字。鱻，金文字形❶，这是一个会意字，上面总共有三条鱼。小篆字形❷，同于金文。《说文解字》："鱻，新鱼精也。从三鱼，不变鱼。"段玉裁注："谓不变其生新也。"意思是指用新鲜的没有变质的鱼作菜肴。汉代以后，繁体的"鮮"字取代了烦琐的"鱻"字，"鱻"从此废弃不用。

鲜，金文字形❸，这也是一个会意字，上面是一只羊，下面是一条鱼，这并非是说羊和鱼烩成一锅即为"鲜"，而是用羊表示味美，下面的鱼则表示类属，意思是"鲜"属于鱼类。金文字形❹，更加美观。小篆字形❺，将上下结构变成了左右结构，左鱼右羊。

《说文解字》："鲜，鱼名，出貉国。"现在明白为什么用"鱼"表示类属了吧。原来"鲜"本来是一种鱼的名字，这种鱼产于貉国。貉读作mò，跟"貊"是一个字，是对古代东北方少数民族的一种称呼。貉国的人喜欢吃生鱼，因此郑玄就直接把"鲜"解释为"生

❸　　　　　　　❹　　　　　　　❺

鱼也"。东北的貊系部落后来逐渐向东、向南迁移，其中一支进入朝鲜半岛，开始与当地土著混血，因此有学者猜测朝鲜国名中的"鲜"字就来源于貊国的这种鱼类，今天的日本人和韩国人酷爱吃生鱼片也是一条佐证。不过，十四世纪的李氏朝鲜自我解释道："国在东方，先受朝日之光鲜。"这当然是对国名之由来的一种美化而已。

　　老子的那句名言——"治大国若烹小鲜"——更是明证：小鲜就是小鱼，治理大国就如同烹煎小鱼一样。"鲜"字由此引申出新鲜、明丽等一系列义项，可以用到一切美味、一切装饰上面了。

　　"鲜"读三声（xiǎn）的时候，字义为"少"，这也是从"新鲜"的义项引申出来的，东西多了就不新鲜了，因此"鲜"当"少"讲，正所谓屡见不鲜。《诗经·扬之水》："终鲜兄弟，维予与女（汝）。""终鲜兄弟，维予二人。"意思就是缺兄少弟，只有你我夫妻二人。"鲜"又由此引申出另外一个非常罕见的义项：夭折，早死。《左传·昭公五年》："葬鲜者自西门。"其中的"鲜者"即指早死的人。

❶ **❷**

羹

用炊器煮的羔羊肉最美味

三日入厨下，洗手作羹汤 ——王建

今天的"羹"字非常简单，只有一个意思，那就是用蒸、煮等方法做成的糊状、冻状食物，如鸡蛋羹，没有任何异议。可是在古代，"羹"的含义却有所不同。

羹，小篆字形❶，这是一个会意字，上为羔，下为美，羊肉是古人的主要肉食，因此用羊羔肉和"美"会意为肉的味道鲜美。另外一种篆体字形❷，"羔"的下面添加了一个"鬲"字，鬲读作lì，是一种炊器，用于烧煮或烹炒，特指类似于鼎状的炊器。把羊羔肉架在"鬲"这种炊器上烧煮或烹炒，味道一定鲜美！所以两边还有升腾的热气。

《说文解字》："羹，五味和羹也。"《诗经·烈祖》："亦有和羹。"《尚书·说命》："若作和羹，尔惟盐梅。"盐是咸，梅是醋，此处的意思是指羹要用咸味和酸味来调和。郑玄说："凡羹齐宜五味之和，米屑之糁。"糁（sǎn）是用米粒来和羹的意思。这些关于"羹"的古代文献里面，最重要的一个字是"和"。和，即调和，因此"羹"的意思就是用酸、甜、苦、辣、咸这五味调和而成的肉汁，而不是今天所说的概念。不调和五味的肉汁称作"大羹"；煮熟的带汁的菜加上米屑称作"菜羹"，贫穷的人所食；煮熟的带汁的野菜称作"羹藜"，是非常粗劣的饮食，也称作"藜藿之羹"，都是穷人吃的。

《左传·隐公元年》中讲了一个有趣的故事，准确地体现了"羹"的本义。郑庄公出生的时候难产，惊吓了母亲武姜，因此武姜很不喜欢他，而喜欢庄公的弟弟共叔段。庄公即位后，武姜和共叔段密谋篡夺王位，被庄公击破，赶走了弟弟，囚禁了母亲，并发誓："不及黄泉，无相见也！"有个叫颍考叔的地方官，借着献礼的名义朝见庄公，"公赐之食，食舍肉"。"食舍肉"的意思是：颍考叔吃饭的时候把肉放在一边不吃。庄公很奇怪，就问他为什么这样做，颍考叔回答道："小人有母，皆尝小人之食矣，未尝君之羹，请以遗之。"意思是说我现在吃的饭食我母亲都吃过了，唯独没有吃过您赐给我的"羹"，我要带回去让她尝尝。庄公赐的饭食中有"肉"，颍考叔称之为"君之羹"，可见"羹"就是带汁的肉，而不是肉汤。颍考叔这是在劝谏庄公呢！他给庄公出了一个主意，挖了一条隧道与母亲相见，没有违背"不及黄泉，无相见也"的誓言。

至于"羹"当作肉汤讲，则是魏晋以后的事情了。唐人王建有诗："三日入厨下，洗手作羹汤。"这才是用肉菜等做成的汤。

有一个词叫"闭门羹"，指拒绝客人上门，但在古代却专指妓女拒绝接客。据唐人冯贽《云仙杂记》记载，宣城名妓史凤是个势利眼，接客的时候根据客人的地位和财力将客人分为三六九等，接待的规格也不一样，对最低等的客人则拒绝接待。不过史凤很客气，不是直接将其驱逐出境，而是派妓院的工作人员给他们端上一杯"闭门羹"，说："请公梦中来。"给客人吃上一杯"闭门羹"是抚慰，但是"请公梦中来"的嘱咐就有些刻薄了，估计史凤是想要耍小幽默。史凤还把对待最低等客人的行径写成了一首诗，诗名就叫《闭门羹》："一豆聊供游冶郎，去时忙唤锁仓琅。入门独慕相如侣，欲拨瑶琴弹凤凰。"意思是：我给您提供一碗羹，您喝了之后就离开吧，我会赶紧吩咐人锁上大门，您就别回头了，我喜欢的只是像司马相如那样的知音啊！

徐扬，生卒年不详，江苏苏州人，清乾隆时画家。擅长人物、界画、花鸟草虫，写实功力深厚。

《端阳故事图册》共八幅，分别描绘了端午佳节各地民俗，包括射粉团、赐枭羹、采药草、养鸲鹆（qú yù，俗称八哥）、悬艾人、系彩丝、裹角黍、观竞渡。此图册构图严谨精妙，人物造型秀逸生动，线条道劲流畅，色彩明丽典雅，体现了乾隆朝宫廷绘画工整清丽的笔墨特点。"赐枭羹"一图题曰："汉令郡国贡枭为羹赐官。以恶鸟，故食之。""枭"是一种猫头鹰。张华《禽经注》云："枭在巢，母哺之。羽翼成，啄母目，翔去也。"在古人心目中，枭是食母的恶鸟，忤逆不孝的代表。枭羹从汉代中期开始成为皇帝端午节赐宴中的节令食物，目的是为了维护孝道，并驱逐朝廷中的恶人。画面上，一个内侍捧着枭羹，正要递给下面的官员。双方行礼如仪，庄重得体。

❶ ❷

口舌如刀的贪食恶兽

盖聚物之夭美，以养吾之老饕

——苏轼

饕、餮并举。

先说饕。"饕"读作 tāo，金文字形 ❶，这是一个会意兼形声的字，从口从刀，会意为口舌如刀，喋喋不休。"饕"和"叨"本为一字。《庄子·渔父》篇中说："好经大事，变更易常，以挂功名，谓之叨。"意思是：喜欢管理大事，变更常规，以网取功名，这就叫"叨"，也就是贪婪之意。小篆字形 ❷，变成了上声下形的形声字。《说文解字》收录的籀文字形 ❸，大同小异。籀文又称大篆，春秋战国时期通行于秦国，字体与秦篆相近，但字形的构形多重叠。

再说餮。"餮"读作 tiè，小篆字形 ❹，这是一个左形右声的形声字。楷体字形从左右结构变成了上下结构，上声下形。

《说文解字》："饕，贪也。""餮，贪也。"两个字都是贪婪之意，区别在于：贪财为饕，贪食为餮。后来人们把美食家称作"老饕"。比如苏东坡有一篇著名的《老饕赋》，其中写道："盖聚物之夭美，以养吾之老饕。"严格地说这应该是一种错误的称呼，改称贪食的"老餮"才符合本义，不过"老饕"的叫法早已经

036

③ ④

约定俗成，一直延续到今天，无法更改了。

俗话说"龙生九种，九种各别"，古人认为龙性最淫，生的种也就最多，一龙所生的九条小龙，往往形状性格各异，因此，"龙生九子"用来比喻同胞兄弟良莠不齐，爱好各不相同。虽然民间关于龙生九子的说法由来已久，但是一直没有定论，到了明代，人们才开始汇集历代文献中记载的神异动物，将龙九子的称谓和功能确定下来。

不过即使如此，每位学者所记载的也有差异，其中一种说法来自明朝学者杨慎所撰的《升庵外集》。龙的九个儿子分别为：一、赑屃（bì xì），形似龟，古碑下的驮龟其实就是它；二、螭（chī）吻，形状像四脚蛇剪去了尾巴，好在险要处东张西望，也喜欢吞火，今日很多建筑殿脊上的兽头就是它；三、蒲牢，平生好鸣，今钟上兽纽是其遗像；四、狴犴（bì àn），平生好讼，今狱门上狮子头是其遗像，也用作牢狱的代称；五、饕餮，好食，钟鼎彝器上多雕刻其头部形状作为装饰；六、蚣蝮，性好水，所以立于桥柱；七、睚眦（yá zì），平生好杀，有"睚眦必报"这个成语，今刀柄上龙吞口是其遗像；八、狻猊（suān ní），平生好坐，今佛座狮子是其遗像；九、椒图，性好闭，立于门首，铺首衔环是其形象。

相传尧当政的时期，国家有四凶：一个叫混沌，到处结交盗贼，行凶作恶，杀人如麻；一个叫穷奇，喜欢散布谣言，诬陷忠良；一个叫梼杌（táo wù），独断专行，谁的话都不听；最后一个就是饕餮，"贪于饮食，冒于货贿"，入不敷出就去打家劫舍。四凶后来全都被继位的舜给流放了。由此可见，饕餮自古以来就是贪财贪吃的恶兽，不招人待见，今天还把贪吃的人称作饕餮之徒。

《神异经》对饕餮的长相有更加详细的描述："西南方有人焉，身多毛，头上戴豕，贪如狼恶，好自积财，而不食人谷，强者夺老弱者，畏群而击单，名曰饕餮。"古人因此将饕餮的形象铸在钟鼎彝器之上，据《吕氏春秋》解释说："周鼎著饕餮，有首无身，食人未咽，害及其身，以言报更也。"报更，即报应。这段话的意思是：在鼎上铸饕餮的形象，是为了警示吃饭的人不要贪得无厌，以免最后撑死自己。

❶　　　　　❷

用火烤热石头来煮食物

阴阳不和，寒暑不时，以伤庶物
——《庄子》

古代中国没有现代意义上的"公民"概念，老百姓一律称作"庶民"。李大钊先生曾有一篇著名的演说，题为《庶民的胜利》："这回战胜的，不是联合国的武力，是世界人类的新精神；不是哪一国的军阀或资本家的政府，是全世界的庶民。"显然，"庶民"即指平民，老百姓。

"庶"这个字的演变极有趣，甲骨文字形❶，这是一个会意字，右上部是石头，左下部是一堆火，会意为用火烤石头。金文字形❷，左上部还是石头，下面的字形有所变化，火堆的上面好像架了一口锅。金文字形❸，锅架在火堆上的形状更明显。小篆字形❹，上面讹变为"广"，"广"是房屋的形状，变成了在房屋里面生火烧锅的意思了。楷体字形下面的"火"变成了四点。

《说文解字》："庶，屋下众也。"为什么是"屋下众也"呢？清代学者王筠解释说，"庶"字的小篆字形中，"广"的下面是古文的"光"字，"广下之光，照彻四壁，有'众'意焉"。这些解释都是不对的，都不是"庶"的本义。

于省吾先生认为这是一个"从火从石，石亦声"的

❸

❹

会意兼形声字。他根据甲骨文和金文的字形分析说："用火烧热石头以烙烤食物，或以烧热的石头投于盛水之器而煮熟食物，则是原始人类普遍采用的一种熟食方法。"因此，他进一步认为"庶"字就是"煮"字的本字："庶之本义乃以火燃石而煮，是根据古人实际生活而象意依声以造字的。但因古籍中每借庶为众庶之庶，又别制'煮'字以代庶，'庶'之本义遂湮没无闻。"这是非常富有说服力的解释。

据《周礼》记载，周代有"庶氏"的官职，职责是"掌除毒蛊，以攻说禬之，嘉草攻之"。"毒蛊"是害人的毒虫。"禬（guì）"，除灾害之祭。"攻说"意为毒蛊也有神凭依，因此要鸣鼓而攻，再用言辞责备其神，祈求它离去。"嘉草攻之"就跟"庶"有关系了。"嘉草"是一种药物，"攻之"就是以火燃石，点着嘉草之后，用烟熏毒蛊。所以"庶氏"之"庶"，同于"煮"，这也是一个旁证。

至于"庶"为什么会作"众多"的意思，这是因为"庶"既然是"煮"的本字，则炖煮杂烩，锅里可以有各种各样不同的食物，由此而引申出众多、诸种的意思。比如"庶民"即指众多的百姓，"庶务"即指众多的事务，庄子说"阴阳不和，寒暑不时，以伤庶物"，"庶物"即指万物。《诗经·卷阿》中的诗句"君子之车，既庶且多"，更是点明了"庶"和"多"是同义词。

"庶"还有一个引申义：庶出。正妻所生的儿子称"嫡子"，非正妻所生的儿子称"庶子"。另外，宗族的旁支也叫"庶"。"庶"为什么会具备这个引申义呢？说来非常有趣。据《仪礼·公食大夫礼》记载，国君以礼食接待来聘问的大夫的时候，在正馔之外，还设有各种美味的拼盘作为副菜，叫作"庶羞"："肴美曰羞，品多曰庶。"由正馔之外的副菜引申出"庶出"的义项。"上大夫庶羞二十"，上大夫的副菜竟然有二十种之多！那么毫无疑问，一般情况下，庶出的儿子或者宗族的旁支的数量，也要远远多于嫡子或者宗族的嫡系的数量。

❶　　　　❷　　　　❸　　　　❹

召

用汤匙从酒樽中取酒入口

今召客者，酒醋、歌、舞、鼓、瑟、吹竽——《吕氏春秋》

"召"这个字大概可以称得上最有趣的汉字之一，而且造字过程极其烦琐复杂，充分反映了先民们宾客酬酢的礼仪以及宴饮的酒食等各种细节。这些细节都浓缩在一个字的字形里面，也充分体现了甲骨文的象形起源。

召，甲骨文字形 ❶，很明显这是一个会意字，动用了多达八种象形字符来参与会意过程，共分为上中下三个部分。先看下部的"田"字形，这不是"田"，而是放置器物的支架，也有人认为是加热的设备。这个支架上面放置的是什么器物呢？再来看字形的中部，左右是两只手，中间是酒樽，原来，放置在支架上面的器物就是酒樽。最后看字形的上部，左右也是两只手，中间的上面是"匕"，即取食的汤匙，下面的口形表示饮酒入口。这八种字符会意为：以手持匕，从放置在"田"字形支架上的酒樽中舀取美酒，供宾客饮用。徐中舒先生说："以手持匕挹取酒醴，表示主宾相见，相互绍介，侑于樽俎之间，当为绍介之绍初文。"他认为这个字形即是"绍"的本字。

召，甲骨文字形 ❷，省去了酒樽，下部更像支架，

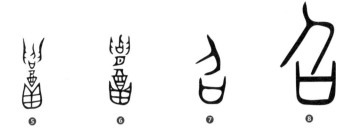

支架上还有两个相背的柱状物，用来更牢固稳妥地放置酒樽。甲骨文字形❸，大同小异，下部则更像承纳酒樽的支架。甲骨文字形❹，对繁复的字形彻底加以简化，仅用匕和口来会意把取酒醴入口之意。不过这个简化后的字形中的口形，从形状上看更像盛酒的器具，用匕从酒樽中舀酒，舀酒当然是为了饮之入口。金文字形❺，与甲骨文字形❶一样烦琐复杂。金文字形❻，有趣的是，在酒樽上面又添加了一个"月"形，表示这是一块肉，边饮酒边吃肉。金文字形❼，紧承甲骨文字形❹。小篆字形❽，采用了加以简化的匕、口组合。

《说文解字》："召，呼也。从口刀声。"许慎把"匕"误为"刀"，因此误认为这是一个形声字。《吕氏春秋·分职》中的一段话最符合"召"的本义："今召客者，酒酣，歌、舞、鼓、瑟、吹竽，明日不拜乐己者，而拜主人，主人使之也。"意思是请来的客人饮酒欣赏歌舞之后，不感谢让自己快乐的歌者舞者，而感谢主人，是因为这一切娱乐都出于主人的安排。"召客"之"召"，正是召请客人来饮酒吃肉，恰是"召"字字形的如实写照。

周代初期，周公和召公是辅佐周王室的两位名臣，白川静先生认为召公是一位祭祀神灵的圣职人员，金文的"召"字"义示供酒祈祷，迎接降临之神"，因此"召公属于招神的圣职者"，而"召"的本义即为招神，后来才用于一般人，引申为召见、召唤、召呼之义。不过从宴饮宾客的日常生活角度来释义更具有说服力，此即林义光所谓"酒食财物，皆所以招人也"。

《刘晨阮肇入天台山图》取材于东汉时期刘晨、阮肇入天台山采药遇仙并与之结为夫妇的神话传说，大致分为十一个场景，场景之间穿插故事文字。"刘阮遇仙"出自六朝志怪小说，流传甚广。相传东汉永平年间，剡人刘晨、阮肇入天台山采药，山深路迷，遇二女，容颜妙绝，呼晨、肇姓名，问郎来何晚也。二女相邀还家，殷勤款待，结为伉俪。半年后刘阮思家心切，别了二女回家，才知人间已隔了七世。

这一段画面描绘的是二女"召"刘阮同归其家，当庭设席，陈酒肴款待庆贺的场景。有数仙客持三五仙桃至女家，皆仙服，各出乐器奏之，肃雍和鸣。二女亲自举卮（zhī，酒器）劝二人酒。款曲之情，春气可挹，二子恍然如在天上也。画面上有美酒佳肴，有仙乐悠扬，丽人在侧，侍女围绕，桃花灿烂，难怪刘阮二人"恍然如在天上"。

《刘晨阮肇入天台山图》（局部）
元代赵苍云绘，纸本墨笔长卷，美国大都会艺术博物馆藏

❶

在锅中烹煮鲜鱼

周公受禾东土，鲁天子之命 ——《史记》

"鲁"这个字，今天除了当作姓之外，使用最多的义项是迟钝、鲁莽，但是周武王克商之后，"封弟周公旦于曲阜，曰鲁"，周公不仅是武王的亲弟弟，而且还是武王最重要的辅臣，武王既赐其封国名"鲁"，那么一定是美称，而不可能是一个贬义的称号。

"鲁"的繁体字是"魯"，甲骨文字形❶，其实"鲁"字早在周公的国号之前就出现了。很显然这是一个会意字，上面是一条鱼，下面的"口"形是什么呢？徐中舒先生认为这个"口"形像坎："泽中水竭，鱼乃露于坎。故鲁之本义为露……鱼陈于坎，利于大量捕获，故鲁又训嘉。"此说颇为牵强，古人不一定非要等到"泽中水竭"才能大量捕鱼；而且"泽中水竭，鱼乃露于坎"首先是不吉之兆，焉能用于美称？

林义光解释说："彝器每言'鲁休''纯鲁'，阮氏元云：'……鲁本义盖为嘉，从鱼入口，嘉美也。'"彝器指古代祭祀常用的青铜器；"休"和"纯"都是美善之意，"鲁休"和"纯鲁"当然就是形容美味可口的鲜鱼；阮元是清代著名学者。不过把"鲁"释义为"从鱼入口"，却与甲骨文字形不符，该字形下面明明像一口器皿之状，于省吾先生认为"口为器形，本像鱼在器皿之中"。其实，这个器皿理解成正在烹煮鲜鱼的锅，

❷

❸

❹

或者已经烹煮完成而端上鲜鱼的容器都可以。

鲁，金文字形❷，鱼的样子更是栩栩如生，下面器皿的形状则变成了"口"形。金文字形❸，下面的"口"形中又添加了一横，变成了"甘"字，一横表示口中含有的美食。小篆字形❹，下面讹变成了"白"，许慎就是根据这个小篆字形认为"鲁"字"从白"，这是错误的。

《说文解字》："鲁，钝词也。"即使如许慎所说"从白鱼声"，又怎么能够跟"钝词"扯上关系呢？许慎并引用《论语·先进》中孔子评价"参也鲁"（曾参很迟钝）的话来作例证，但这不过是引申义而已。"鲁"的本义就是鱼味鲜美，从而训为嘉美。

在周公分封鲁国之前，这片地域早就"膏壤千里"，不仅陆上物产丰富，而且海产富饶，《史记·夏本纪》形容说"海物维错"，郑玄曰："海物，海鱼也，鱼种类尤杂。"此地之所以名"鲁"，正是由此而来，周武王不过借这个现成的美称赐给周公做了国号。

《史记·周本纪》称颂周公："周公受禾东土，鲁天子之命。"《鲁周公世家》中则如此称颂："周公既受命禾，嘉天子命，作《嘉禾》。"这两段话的意思都是指周成王赐给叔父周公嘉禾，周公赞美称扬天子之命。"鲁天子之命"和"嘉天子命"同意，可知"鲁"训为"嘉"。

刘熙在《释名·释州国》中解释说："鲁，鲁钝也，国多山水，民性朴鲁也。"这是因为鲁国"民性朴鲁"，"鲁"才引申为迟钝、粗野，进而引申为鲁莽之意，早已不复鲁国之所以名"鲁"的美称了。

❶   ❷

里面的一点是酒浆或食物

十有三年，学乐，诵诗，舞勺 ——《礼记》

　　勺子是一日三餐必需的用具，今人对"勺"这个字的理解也就仅限于此了。殊不知在古代，"勺"可不仅仅指汤匙，而是有着非常深厚的内涵。

　　勺，甲骨文字形❶，这是先民们最早使用的勺子：下部是便于手持的勺柄，中间是张开的勺口，左边的一短竖表示用勺子舀起来的东西。金文字形❷，栩栩如生的一把勺子的样子，里面的一点同样表示舀起来的东西。金文字形❸，横放并且舀起食物的一把勺子。小篆字形❹，略有变形，但还能看出勺子的形状。

　　《说文解字》："勺，挹取也。象形，中有实。"也就是说，"勺"最早的用途是挹取酒浆，因此可通表示斟酒的"酌"字；不过，金文字形❸中舀起的很明显是食物，因此"勺"也可用于舀食物。

　　不同的时代，勺子的形制也不一样。据《礼记·明堂位》载："其勺，夏后氏以龙勺，殷以疏勺，周以蒲勺。"柄上刻有龙形的称"龙勺"，夏代所用；镂刻以画饰的称"疏勺"，殷商所用；以蒲草纹为饰的称"蒲勺"，周代所用。

　　最有趣的是十三岁的男孩子称"舞勺"之年。据《礼

③　　　　④

记·内则》载："十有三年，学乐，诵诗，舞勺。"男孩子长到十三岁的时候，要学习音乐，念诵《诗经》，还要学会"勺"这种乐舞。

那么，"勺"到底是一种什么样的乐舞？为什么十三岁的男孩子要开始学习呢？原来，"勺"是周公所作的乐舞，用以称颂周武王的功德。但此舞为何称为"勺"，历来都没有令人信服的解释，《汉书·礼乐志》中也只是简单地说："周公作《勺》。勺，言能勺先祖之道也。"颜师古注解说："勺读曰酌。酌，取也。"意思是说能够酌取先王之道。

但其实，"勺"不仅是饮食用具，还是一种祭礼，甲骨卜辞中有"勺于上甲菁雨""勺岁""勺羊豕""勺用羌"等记载；词义分化后，这个义项加了个表示祭祀的"示"字旁，写作"礿（yuè）"。

古代有四时之祭，不同的季节都要祭祀祖先，《礼记·王制》中有四时之祭的祭名："天子诸侯宗庙之祭，春曰礿，夏曰禘，秋曰尝，冬曰烝。"夏、商两代春祭称"礿"，夏祭称"禘"；周代时改为春祭称"祠"，夏祭称"礿"，秋冬两季不变。所谓祠、礿、尝、烝（zhēng），都是指以正当时令出产的祭品供奉给祖先。

《礼记·中庸》中有言："今夫水，一勺之多，及其不测，鼋鼍、蛟龙、鱼鳖生焉，货财殖焉。"意思是说：水是一勺一勺汇聚起来的，等到了浩瀚无边的时候，鼋（yuán）、鼍（tuó）、蛟龙、鱼鳖都在里面生长，货物、财富也就产生了。

"一勺"极言其少，因此"勺"有少之意；祭祀的供品，夏季时出产很少，因此以"礿"为名，正如张舜徽先生在《说文解字约注》一书中所说："礿之为言约也，谓品物简约也。礿亦四时祭中之省薄者。"

综上所述，周公所作乐舞名《勺》，显然是夏祭时的乐舞。舞蹈时童子手持一个竹制的乐器"龠（yuè）"，因此属于文舞，区别于执干戚的武舞；"龠"是最简单的乐器，正如"夏礿"之简约，因此"礿"还可以写作"禴"，正是祭祀之舞手持"龠"的如实写照。

至此可以得出结论：十三岁的男孩子年龄尚小，执龠而舞《勺》；而《勺》舞的真正来源，即夏天的礿祭。

❶

❷

一边饮酒一边击鼓作乐

尔酒既旨，尔殽既嘉

——《诗经》

　　《说文解字》："嘉，美也。"《尔雅》："嘉，善也。"这只是"嘉"的引申义，并非本义。那么，"嘉"的本义是什么呢？造出这个字的过程非常有意思。

　　嘉，金文字形❶，很明显这是一个会意字，但会意的过程极其复杂，竟然一下子动用了四个字符！左边是一面带有装饰的鼓，下面的口形代表盛酒的器具，中间是一只手抓着长柄的类似汤勺的舀子，用来从酒器中舀酒。整个字形是贵族们举行酒宴的如实写照：一边饮酒，一边击鼓作乐。当然也可以理解为举行盛大的祭祀时，从酒器中舀起用郁金草和黑黍酿成的鬯（chàng）酒作祭品，一边击鼓祭祀。

　　嘉，金文字形❷，省去了抓着舀子的手和下面的酒器，仅用长柄的舀子和鼓来会意。金文字形❸，鼓的形状大大简化。小篆字形❹，鼓和口形依旧，但是手抓长柄的舀子这一意象却讹变为"力"。

　　张舜徽先生认为"嘉"的本义"指饮膳之美"，与"嘉"的金文字形极为相符。《诗经·頍（kuǐ）弁》是一首描写贵族们宴饮作乐的诗篇，其中有"尔酒既旨，尔殽既嘉"的诗句，正是形容"饮膳之美"。《行苇》篇中"嘉殽脾臄，或歌或咢"的诗句更是"嘉"字的最好注释。"脾"是牛的内脏，"臄（jué）"是牛舌头

③　　　　　④

及其相连的肉，可想而知都是宴席上的美味。"咢（è）"指只击鼓不唱歌，想想"嘉"的金文字形中那面美丽的鼓吧！

周代将礼仪分为五种，称作五礼：吉礼，祭祀之礼；凶礼，逢凶事而举行哀吊之礼；宾礼，接待宾客之礼；军礼，顾名思义就是军事上的礼仪；嘉礼，因人心所善者而制定的礼仪。嘉礼又分为六种，据《周礼》载："以嘉礼亲万民。以饮食之礼，亲宗族兄弟；以婚冠之礼，亲成男女；以宾射之礼，亲故旧朋友；以飨燕之礼，亲四方之宾客；以脤膰之礼，亲兄弟之国；以贺庆之礼，亲异姓之国。"意思浅白易懂。需要解释的是"脤膰之礼"。郑玄解释说："脤膰，社稷宗庙之肉，以赐同姓之国，同福禄也。"贾公彦进一步解释说："分而言之，则脤是社稷之肉，膰是宗庙之肉。""脤（shèn）"是祭社稷的生肉，因为盛在以蜃贝为饰的蜃器中，故称"脤"。还有一说是"脤"是生肉，"膰（fán）"是烤肉，本来写作"燔"，即烧烤之意。嘉礼如此烦琐，后世加以简化，专指婚礼了。

周代有一项有趣而又饱含人情味儿的惩罚制度，据《周礼》载："以嘉石平罢民。凡万民之有罪过而未丽于法而害于州里者，桎梏而坐诸嘉石。"郑玄解释说："嘉石，文石也，树之外朝门左。"有纹理因而美丽的石头称"嘉石"，百姓有罪过而较轻，法律中没有明文规定处罚，也没有危害到州里的，就将他捆缚手脚坐在嘉石上，看着美丽的纹理思过，让自己赶紧"嘉"起来。比如出言无忌、侮慢长老的过错，就罚他"嘉石"之刑。这种处罚实在是太可爱啦！

《诗经·豳风图》（局部）

（传）南宋马和之绘，绢本设色长卷，美国大都会艺术博物馆藏

《豳风图》卷根据《诗经·国风·豳风》的诗意而作。全卷共分七段，依次为《七月》《鸱鸮》《东山》《破斧》《伐柯》《九罭（yù，捕小鱼的细网）》《狼跋》，每段画前书《豳风》原文。图中人物形象生动，笔法流畅潇洒，设色清丽古雅。

《豳风·七月》是《诗经·国风》中最长的一首诗。豳地在今陕西旬邑、彬县一带，《七月》描绘了先民一年四季的农家生活，是中国最早的田园诗。凡春耕、秋收、冬藏、采桑、染绩、缝衣、狩猎、建房、酿酒、劳役、宴飨，无所不写。这段画面描绘的是诗中第八章，一年农事既毕，村人集于公堂，长幼有序，宴饮作乐，举酒庆贺。虽然不是宗庙社稷大典，但村人淳朴欢乐的飨燕场面似更得"嘉礼"之神。

既

吃饱饭扭过头去打嗝

君既食，又饭飧 ——《礼记》

❶　　　　　　❷

"既"这个字今天只用作副词，表示"已经"，比如"既来之，则安之"，意思是：已经来了，就在这里安下心吧。不过，这个字刚造出来的时候，并不是虚词，而是一个指称具体动作的实词；更有趣的是，很多人分不清楚"既"和"即"的区别，因而常常用错，但是在古人那里，二者的区别一目了然。

既，甲骨文字形❶，右边是一个高脚食器，左边是一个半跪着的人。古人吃饭呈跪姿，但这个半跪着的人虽然身体向着食器，大大张开的嘴巴却向后面转了过去。甲骨文字形❷，半跪着的人换到了右边，仍然转过头去。甲骨文字形❸，食器中的一横表示里面所盛的食物。

李孝定先生在《甲骨文字集释》中解释说："契文像人食已顾左右而将去之也。"其实这个人并非"顾左右"，而是已经吃饱饭，扭过头去张嘴打饱嗝。这就是字形中嘴巴张开的原因。

对比一下"即"的甲骨文字形❹，这个半跪着的人面向着食器，显然正准备开始吃饭。罗振玉先生总结说："即像人就食，既像人食既。""即"和"既"的区别就非常明显了："即"表示即将，即将开始吃饭；而"既"

③

④

⑤

⑥

则表示完成，已经吃完饭了。明白了这个区别，就再也不会用错这两个字了。

既，金文字形 ⑤，大同小异。小篆字形 ⑥，食器和张嘴打饱嗝的人形都不太像了，但循着甲骨文和金文的痕迹，还是约略能够看出一点样子。而我们今天使用的"既"字，则完全失去了所象之形。

《说文解字》："既，小食也。"所谓"小食"，是指先秦时期一日两餐制的晚餐。罗振玉先生质疑说："许君训既为小食，谊与形为不协矣。"意思是说："既"的本义明明是吃饱了饭，跟"小食"没有任何关系。不过，"小食"吃完之后，一天也就结束了，因此也可以将"小食"视为引申义。

《礼记·玉藻》中有一段臣子侍食国君的礼仪规定："君未覆手，不敢飧；君既食，又饭飧。饭飧者，三饭也。君既彻，执饭与酱，乃出授从者。"

"覆手"指吃完饭后，把手覆在嘴边，抹去污迹；明末清初学者王夫之则认为乃是吃饱后的拱手之礼。国君尚未做这个表示吃饱的动作之前，臣子不敢"飧"，这里的"飧（sūn）"指用水浇饭。国君"既食"，吃饱之后，臣子还要用水浇饭，再劝君食。古人食礼的最后一道饭都称"飧"，即吃完之后，再用水浇饭，因其利口，表示还可以再吃一点才能彻底吃饱之意，同时也表示主人饭食之美。也有学者认为臣子用水浇饭，吃三口，乃是再劝国君进食的礼仪。

"彻"指撤去馔食。国君吃饱撤去馔食之后，臣子才可以撤去自己的馔食，出门将剩下的饭和酱授给随从。

羞

❶　❷　❸

手抓羊进献给鬼神或王公

十四为君妇，羞颜未尝开 ——李白

"羞"这个字今天的意思是羞耻、害羞，但是最初造出来的时候却不是这个意思。

羞，甲骨文字形❶，这是一个会意字，上面是一只羊，下面是一只手。金文字形❷，结构同于甲骨文。金文字形❸，在羊的下面又添加了一只手，变成两只手。以手持羊，表示进献的意思。小篆字形❹，下面的手讹变为"丑"，变成了一个形声字。

《说文解字》："羞，进献也。从羊，羊，所进也；从丑，丑亦声。"引申为凡是进献，不管进献的是什么，都叫"羞"。"羞"有个同义字叫"荐"，也是进献的意思，二者的区别在《左传》的一句话中显示得非常清楚："可荐于鬼神，可羞于王公。"郑玄注解道："荐亦进也，备品物曰荐，致滋味乃为羞。"此注尚不清晰，他接着又注解道："荐羞皆进也，未食未饮曰荐，既食既饮曰羞。"准备好品物叫"荐"，吃了这些食物，尝到了滋味叫"羞"，这就是"既食既饮曰羞"的含义。鬼神无法真的吃下祭品，故称"可荐于鬼神"；而王公可以真的尝到美味，故称"可羞于王公"。因此"荐羞"一词即指美味的食物。

由"羞"的本义，进而引申到人身上，用作推荐、

❹

❺

❻   ❼

进用的意思，比如《国语·晋语》："有武德以羞为正卿。"有武德的人推荐担任正卿的官职。

在漫长的演变过程中，古人给"羞"这个字添加了一个"食"字旁，造了一个"馐"字，继承"羞"的本义来专指美味的食物，比如"珍馐"。而"羞"这个字，因为古音与"丑"相近，于是将"羞"假借为"丑"来使用，这就是《说文解字》说"从丑，丑亦声"的原因，由此而引申出羞耻、害羞等义项。《史记·廉颇蔺相如列传》："吾羞，不忍为之下。"这是羞耻的意思。李白《长干行》："十四为君妇，羞颜未尝开。"这是害羞的意思。

需要辨析的是，古时"羞"假借为"丑"字，除了作地支和时辰用之外，任何时候都不能写作"丑"。形容貌丑，只能用"醜"。

醜，甲骨文字形❺，这是一个会意字，左边是一只酒坛子，右边是一个鬼，看来鬼也喜欢喝酒。古人以为鬼的样子最丑，因此用一个想喝酒的鬼来会意面貌丑陋。金文字形❻，酒坛子上面添加了一只手，被鬼拿到了手里，准备痛饮一番。鬼头上添加了极其夸张的三束头发，以示此鬼之丑。小篆字形❼，结构同于甲骨文。

《说文解字》："醜，可恶也。"因为"醜"这个字笔画太烦琐，古人很早就开始用"丑"字来替代，并不是实行简化字后才开始这么用的。明代徐渭在《南词叙录》中就说："丑，以墨粉涂面，其形甚醜。今省文作'丑'。"从此之后，对鬼诬蔑的"醜"字就被"丑"所取代，用来形容人的样子丑陋，鬼的重担终于卸下了。

三足两耳的煮食器

楚子问鼎之大小轻重焉

——《左传》

❶

❷

　　《说文解字》："鼎，三足两耳，和五味之宝器也。昔禹收九牧之金，铸鼎荆山之下，入山林川泽者，螭魅魍魉，莫能逢之，以协承天休。"许慎的这段解释分为两层意思："鼎，三足两耳，和五味之宝器也"，这层意思是说，鼎起初是烹煮食物的食器，用来调和五味；"昔禹收九牧之金，铸鼎荆山之下，入山林川泽者，螭魅魍魉，莫能逢之，以协承天休"，天休的意思是天赐福佑，这层意思是说，大禹铸鼎，置之山林川泽能够辟邪，魑魅魍魉等妖魔鬼怪见之望风而逃，鼎从单纯的食器变得具有了法力。但是"鼎"为什么会具备这样的法力呢？

　　大禹时就能够铸鼎，那么甲骨文中一定已经有了这个字。鼎，甲骨文字形❶，这是一个象形字，上面是鼎的两耳，中间是鼎的腹部，下面是鼎的三足。甲骨文字形❷，鼎腹更加突出。金文字形❸，耳、腹、足仍然历历可见。小篆字形❹，字形加以美化，虽然看不出来鼎的形状，但从甲骨文到金文再到小篆一路演化的痕迹来看，大致还可以猜测出鼎的样子，不过下面变成了四足。

　　禹把天下分成九州，把九州的青铜集中在一起铸造了九只鼎，在鼎上镌刻着全国的名山大川和奇异之物，

《玩古图》（局部）

明代杜堇绘，绢本设色，台北"故宫博物院"藏

杜堇，字惧男，号柽居、古狂、青霞亭长，丹徒（江苏镇江）人，约活跃于明代中期，与当时著名的文人仕宦多有交游。他兼擅人物、界画、山水、花卉，现存画迹以人物故事画为主，对明代中后期人物画影响深远。

　　《玩古图》为杜堇工笔人物画的代表作，反映了明代中晚期文人士大夫赏玩品鉴古器物的风尚。画中描绘庭园一角，两名士人在屏风前赏鉴黑漆长案上的鼎彝古物。画中家具器用雅致华丽，体现了主人的财富与品位。案旁长须文士正蹙眉审视一件青铜鬲，情态极为专注。案上器物琳琅满目，古色烂然，包括青铜器、瓷器、金器。靠近画面前端，有一只兽面夔纹扁足方鼎，旁边是一件哥窑米黄釉鼎式炉。其余包括碗、洗、博山炉、豆、钟、玉璧等，看似件件来历不凡。作者于画上题款曰："玩古乃常。博之志大。尚象制名。礼乐所在。"显示出主人情志不在这些器物本身，而在于探寻古代礼乐制度。

❸　　　　　　　　❹

一鼎代表一州，九鼎集中存放在夏王朝的都城。从此，九州就成为中国的代称，鼎也从单纯的食器变成了国家政权的象征。有个成语叫"一言九鼎"，就是从这里来的，比喻人说话的分量很重，一句话抵得上九鼎的重量，也用来比喻极其信守诺言。

九鼎铸成之后，夏传商，商传周，周代末年，王室衰微，许多强大的诸侯国都觊觎九鼎。有一次楚庄王讨伐陆浑之戎来到洛河的时候，陈兵于周王室境内。周定王派王孙满前来犒劳楚军，"楚子问鼎之大小轻重焉"，有取而代周之意，因此古人就把图谋夺取政权称为"问鼎"。

周王朝灭亡之后，九鼎就神秘地失踪了，虽然有过种种离奇的说法，秦始皇甚至还亲自前往泗水打捞，但九鼎再也没有出现过。

鼎是国之重器，《周礼》规定：天子用九鼎，诸侯用七鼎，大夫用五鼎，士用三鼎或一鼎。这是丝毫不得僭越的。因此贵族之家吃饭时要"列鼎而食"，意思是将允许使用的几个鼎按照大小排列起来，从大到小根据等级制依次而食。这是古代社会等级制的真实写照。

"鼎"的引申义很多，鼎是烹煮食物的食器，因此引申出"鼎沸"一词，用鼎中的沸水来形容动乱的局势。鼎为三足，故有"三足鼎立"这一成语。鼎为国家重器，因此引申为显贵，比如鼎臣、鼎族、大名鼎鼎。鼎代表国家政权，因此政权的易手被称作"鼎革"，革是革旧，鼎是鼎新，代表着新政权的建立。

❶　　　　　　❷

尊

双手举着酒坛恭敬地进献

少室出天外，巍巍何尊严

——梅尧臣

尊，甲骨文字形❶，这是一个象形字，下面是两只手，上面是一个酒坛，双手捧着酒坛。甲骨文字形❷，左边添加了一个表示升高的符号，表奉献登进之意。金文字形❸，下面的两只手没变，上面的酒坛里装着酒，因为是陈酒，酒和酒糟下沉，"酉"的上面的两撇像浮出的水形。也有人说是酒满了要浮出来的样子，还有人说表示酒气挥发。金文字形❹，右边的升高符号更加明显。小篆字形❺，下面简化成了一只手（寸）。

《说文解字》："尊，酒器也。"《周礼》中有小宗伯的官职，职责之一是"辨六尊之名物，以待祭祀宾客"。"六尊"是六种注酒器，它们分别是：牺尊、象尊、著尊、壶尊、太尊、山尊。牺尊是牛形的盛酒器，背上凿孔注酒，另一说是在尊的腹部刻画牛形；象尊是象形或凤凰形的盛酒器，另一说是用象牙或象骨装饰；著尊是殷商时期的尊，著地无足，即立在地上，没有尊足；壶尊是以壶为尊；太尊是用瓦制成的，太古的瓦尊；山尊是刻画山和云形的酒器。这六尊用来祭祀和接待宾客。

作为盛酒器，尊的形状是敞口、高颈、圈足。尊上常常饰以动物或山云形象，如同六尊那样。段玉裁说：

❸

❹

❺

"凡酒必实于尊以待酌者。郑注《礼》（郑玄注《仪礼·士冠礼》）曰：置酒曰尊。凡酌酒者必资于尊，故引申以为尊卑字，犹贵贱本谓货物而引申之也。自专用为尊卑字，而别制罇樽为酒尊字矣。"向人敬酒是一种尊重的表示，因此"尊"字引申为尊重、尊敬之意，而"酒器"的本义被新造的"罇""樽"等字所替代。

《礼记·表记》："使民有父之尊，有母之亲，如此而后可以为民父母矣。"《广韵》："尊，重也，贵也，君父之称也。"古人很早就把"尊"字用到君、父身上了，因此"尊"成为对君、父和其他长辈的敬称，比如至尊用来称皇帝，尊姓大名用来恭敬地询问对方的名字。

《荀子·致士》："师术有四，而博习不与焉：尊严而惮，可以为师；耆艾而信，可以为师；诵说而不陵不犯，可以为师；知微而论，可以为师。"按照荀子的说法，有四类人可以当老师：有尊严而使人害怕，可以当老师；年老而有威信，可以当老师；诵读解说经典而在行动上不超越、不违反它，可以当老师；懂得精微的道理而又能加以阐述，可以当老师。唯独"博习"即博学的人不能当老师。博学的人就是今天说的"知道分子"，世上所有的知识都知道一点，但是所有的知识都不精通，这样的人的确不能当老师。

"尊严"一词在今天的意思是指不容侵犯的身份或地位，比如人的尊严、国家的尊严，都是不可侵犯的意思。追根溯源，"尊严"为什么神圣不可侵犯呢？原来，"尊"最常见的用法是对别人或者自己父母亲的敬称，比如"尊大人"和"尊堂"都是敬称别人的父母，"令尊"是敬称对方的父亲，"家尊"既可用于敬称对方的父亲，又可用于敬称自己的父亲。"严"则是对自己父亲的尊称，比如"家严"是对自己父亲的敬称。《周易》中说："家人有严君焉，父母之谓也。""严君"本来是对父母亲的统称，不过因为民间有严父慈母的说法，因此"严"才专称父亲，母亲则称作"家慈"。

"尊"和"严"既然是指父母，当然神圣不可侵犯，这才诞生了"尊严"一词。"尊严"因此也引申为崇高庄严，比如北宋著名诗人梅尧臣《汝州等慈寺阁望嵩岳》一诗中写道："少室出天外，巍巍何尊严。"

❶　❷

照着雀的样子制成的饮酒器

器象爵者，取其鸣节节足足也
——许慎

《说文解字》："爵，礼器也，象爵之形。"

爵，甲骨文字形❶，果然如同许慎所说的，是个象形字，下面有足，中间是盛酒或温酒的器腹，器腹里面的圆圈表示盛的酒，器腹的左边开口叫"流"，便于吸饮。"爵"的上面一定要有两柱，这是礼制所规定的，因此甲骨文字形上面的那个箭头就用来表示两柱，两柱的形制通常为帽形柱。甲骨文字形❷，器腹里面的酒用一横来表示。

爵，金文字形❸，上面的两柱稍有变形，器腹里面也没有了酒。金文字形❹，简直就是"爵"的画像，只不过在右侧添加了一只手，表示以手持爵。金文字形❺，变得复杂起来，除了右边的手之外，左边依次为：上为帽形柱，中为器腹和"流"的变形，下面添加了一个"鬯"字，"鬯（chàng）"是黑黍和郁金草酿成的一种香酒。《说文解字》："中有鬯酒，又持之也，所以饮。"许慎的意思是，爵中装着鬯这种香酒，用手持之而饮。小篆字形❻，直接从金文演变而来。

古人很早就知道酿酒和饮酒，出土的殷代酒器之多，表明殷人饮酒的风气之盛。纣王有酒池肉林的宴会，

❸

❹

❺

❻

可见一斑。古代酒器很多，本文略举几例。郑玄说："一升曰爵，二升曰觚，三升曰觯，四升曰角，五升曰散。"觚（gū）呈喇叭形，细腰，高圈足，腹和圈足上有棱；觯（zhì）多为圆腹敞口，圈足有盖；角，形状像爵，但是没有上面的两柱和出酒的嘴，两尾对称，有盖；散，只以漆涂面，不用别的装饰，为地位卑贱的人所用。

《左传·庄公二十一年》："虢公请器，王予之爵。"虢公向周王请求赐酒器，周王赐给他了爵。爵既是祭祀和宴饮时的礼器，于是引申出爵位的意思。据《礼记·王制》载："王者之制禄爵，公、侯、伯、子、男，凡五等。"后世把官职统称为官爵。商鞅辅佐秦孝公变法时，为了奖励军功，设置了二十等爵制，即根据军功的大小授予爵位，官吏从有军功爵的人中选用。据《韩非子》载："斩一首者爵一级，欲为官者为五十石之官；斩二首者爵二级，欲为官者为百石之官。官爵之迁与斩首之功相称也。"意思是战争中斩一个敌人的头颅授予一级爵位，做官的话可做五十石之官；斩两个敌人的头颅授予二级爵位，做官的话可做百石之官……以此类推。一首一级，后来干脆简称作"首级"，这就是"首级"一词的来源。首级制度直到北宋方才废除。

古人为什么把爵制成这种形状呢？《说文解字》："器象爵者，取其鸣节节足足也。"节节足足是鸟雀鸣叫的声音，古人认为这种鸣叫的声音是一种劝诫，节是节制，足是知足，所以许慎说爵制成雀的形状，是对饮

《帝王道统万年图》册之"汉明帝"

明代仇英绘，绢本设色，台北"故宫博物院"藏

仇英（约1494—1552），字实父，号十洲，太仓（今江苏苏州）人。初为漆工，长于彩绘栋宇，后改事画艺。被誉为明代四大家之一。

　　《帝王道统万年图》册页共二十幅，分别描绘伏羲至宋仁宗等名主的事迹，对幅有顾可学题记。应是仇英应顾氏请托而绘，用以进献朝廷，求得仕进。全册落笔纯熟，色调以青绿重彩为主，间或掺用泥金钩边，鲜艳华丽。

　　这幅画的是汉明帝的事迹。明帝在位时，提倡儒学，注重刑名文法，吏治清明，境内安定。明帝以及随后的章帝在位时期，史称"明章之治"。史载永平十七年春正月，甘露降于甘陵。当年，甘露再次降临，树枝内附，芝草生殿前，神雀五色翔集京师。于是公卿百官以明帝威德怀远，祥物显应，乃并集朝堂，奉觞上寿。画面表现的就是百官带着各种祥瑞齐集殿前，向皇帝恭贺的场景。当中大臣向皇帝"奉觞"所用器物便是"爵"，其中不知是收集的甘露，还是美酒呢？

酒之人的一种劝诫。因此古人说："取其能飞而不溺于酒，以寓儆焉。"又说："取其鸣节，以戒荒淫。"都是劝诫饮酒之人不要贪杯的意思。因此，"爵"和"雀"其实是通假字，爵的样子跟雀非常相像。

　　阅读古籍的时候，如果遇到含有"爵"的句子，并且按照"爵"的意思读不通的时候，可以试着用"雀"来读。比如《孟子》中有"为丛驱爵"的话，这个"爵"当作爵位、爵禄就讲不通，而当作"雀"就可以讲通了，即为丛林驱赶来鸟雀。还有"爵室"一词，《释名·释船》："在上曰爵室，于中候望之，如鸟雀之警示也。"还有"爵弁"，这种帽子是用赤黑色的布做的，像雀头部的颜色，故称"爵弁"。

雅

像乌鸦的饮酒器

雅步袅纤腰，巧笑发皓齿 ——陆云

❶

宏大宽容的气度称作"雅量"，《世说新语》中有"雅量"这一篇目，就是记述当时人的这种气度。最能说明这种气度的是嵇康。嵇康被判处死刑，行刑地点是在首都洛阳的东市。临刑前，嵇康抬头目测了一下日影，估计离午时三刻还有一会儿工夫，于是气定神闲地要来琴，为围观的看客们弹奏了一曲，即著名的《广陵散》。一曲弹完，嵇康废琴而叹："过去袁孝尼请求我传授《广陵散》，我谨守誓言，没有传给他，可惜于今绝矣！"然后从容就死，这就叫"雅量"。

"雅"本来指一种鸟，就是乌鸦。小篆字形❶，这是一个形声字，左边的"牙"表声，是乌鸦的拟声，右边的"隹"表意。"隹"读作 zhuī，《说文解字》："隹，鸟之短尾总名也。""隹"是汉字的一个部首，从"隹"的字大都与禽类有关，比如雁、隼、雀、雉等。

《说文解字》："雅，楚乌也，秦谓之雅。"可见"雅"就是"鸦"的本字。段玉裁说楚乌并非是楚地的乌鸦，但是许慎明明解释说"秦谓之雅"，秦地将楚乌这种乌鸦叫作"雅"，由此对比，我觉得楚乌就是楚地的乌鸦。后来又造出了一个"鸦"字来指乌鸦，"雅"这个字就被借走，用作酒器的名称。"雅"为什么会借用为酒器呢？这是因为古时的一种酒器"爵"就是仿照"雀"的样子制成的，而"雅"本来就是鸟类，因此可以如此借用。

三国时魏文帝曹丕所著《典论》中记载："荆州牧刘表，跨有南土，子弟骄贵，并好酒，为三爵，大曰伯雅，次曰仲雅，小曰季雅。伯受七升，仲受六升，季受五升。"刘表好酒，甚至把酒器都按照伯、仲、季的排行进行排列，而且每件酒器盛的酒量也不一样。当然了，不管是七升、六升还是五升，实在都够多的，能喝下这么多酒的人，当然就是"雅量"了。

据北宋教育家温革所著《隐窟杂志》载："宋时阆州有三雅池，古有修此池，得三铜器，状如酒杯，各有篆文曰：伯雅，仲雅，季雅。当时虽以名池，而不知为刘表物也。吴均诗云：'联倾三雅卮。'刘梦得诗云：'酒每倾三雅。'"由此亦可知，"雅量"最初是形容的酒量，善饮才能称作"雅量"。古时还有"雅寿"一词，指举杯祝寿。

清人翟灏在《通俗编》中说："按世称雅量，谓能饮此器中酒，不及醉也。"饮酒而不醉，谓之酒德，因此由"雅"引申出"正"的意思："正而有美德者谓之雅。"今天经常使用的风雅、文雅、雅人深致等形容人美好气度的词都是由此而来。也有学者说乌鸦为纯黑色，因此"雅"由纯黑引申为纯正、高尚、美好之意。三国诗人陆云有诗："雅步褭纤腰，巧笑发皓齿。"其中的"雅步"即指从容美好地行走。

❶　　　　　　　　❷

用
丝
巾
盖
着
的
高
脚
盛
肉
器

笾豆大房，万舞洋洋
——《诗经》

　　"豆"在今天只有一个义项，就是指豆子，不管大豆、小豆都用"豆"来指称。但是在古代，"豆"可完全不是这个意思。

　　豆，甲骨文字形❶，这是一个象形字，像一只高脚盘的形状。金文字形❷，里面很明显盛有东西，但是上面的一横代表什么呢？待会儿我们再讲。金文字形❸，更接近于"豆"字的形状。小篆字形 ❹ 和楷体字形都没有什么大的变化。

　　《说文解字》："豆，古食肉器也。"原来"豆"的本义就是一只盛放肉类的高脚器皿！《周礼·考工记》中说："食一豆肉，饮一豆酒，中人之食也。"则"豆"不仅盛肉类，也可以盛酒。孟子也说过："一箪食，一豆羹，得之则生，弗得则死。"一筐饭，一"豆"带汁的肉，得到就活命，得不到就死亡。都是用的"豆"的本义，"豆"因此引申为容量单位，四升为一豆。

　　现在我们来看"豆"上面的一横是什么东西。《仪礼·士昏礼》："醯酱二豆，菹醢四豆，兼巾之。""醯（xī）"是醋，"菹醢（zū hǎi）"是肉酱。醋和酱、肉酱盛放在"豆"里，上面要用一块布巾或丝巾盖起来。有的"豆"有盖子，有的"豆"没盖子；没盖子的"豆"用巾盖起来，

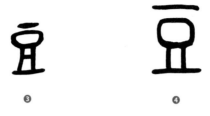

❸　　　　　　　❹

当然是怕灰尘掉进去，有盖子的"豆"用巾盖起来，也许是起一种装饰的作用，或者干脆就是学没盖子的"豆"的习惯而已。《士丧礼》中也有笾和豆都要用巾覆盖的规定。这种巾，就是"豆"字字形上面的一横。

笾（biān）、豆常常连用，这是祭祀和宴会时常用的两种礼器和食器，木制的叫"豆"，竹制的叫"笾"，瓦制的叫"登"。《诗经》中有一首诗《閟宫》，"閟（bì）宫"是鲁国的神庙，其中写道："笾豆大房，万舞洋洋。"将带汁的肉盛放在笾、豆和俎里面，然后浩浩荡荡地起舞。"俎（zǔ）"也是一种礼器和食器，又称"大房"，是四脚方形的青铜盘或木漆盘，常用来陈设牛羊肉。

据《礼记》记载，关于"豆"的形制，夏代使用的叫"楬豆"，"楬"（jié）是小木桩，楬豆就是不加装饰的木制的豆；殷代使用的叫"玉豆"，用玉装饰的豆；周代使用的叫"献豆"，"献"是稀疏雕刻的意思，"献豆"就是用玉装饰，然后又在柄上加以雕刻的豆。这是夏商周三代"豆"的三种形制。

至于现在的"豆"是豆类的总称，古时候却不一样，"菽"是豆类的总称。再细分的话，大豆叫菽，小豆叫荅（dá）。黍、稷、秫、稻、麻、菽、荅、大麦、小麦合称"九谷"，是古代最主要的九种农作物。汉代以后，"荅"字不常用，就将"豆"借用作"荅"的通假字，用来作为豆类的总称，不管大豆、小豆一概称作"豆"，"菽"的称谓也不再使用，于是"豆"作为礼器和食器的本义就此渐渐失去了。

《重修台郡各建筑图说》之 "孔庙礼器图"
清代蒋元枢绘，纸本彩绘，台北 "故宫博物院" 藏

　　蒋元枢（1738—1781），字仲升，号香岩，江苏常熟人，乾隆四十年（1775）
至四十三年（1778）任台湾知府。《重修台郡各建筑图说》为乾隆四十三年
蒋元枢所进呈的纸本彩绘，现存图三十九幅、图说四十幅。蒋元枢于任内大
力推动各项公共建设，包含修葺城池、兴筑庙宇、增置武备、筹建衙署、备
置礼器等，治绩斐然，《重修台郡各建筑图说》即其政绩之见证。
　　按图说所记，这幅 "孔庙礼器图" 是因 "台郡孔庙皆用铅锡，已属陋质，
至豆、笾、簠（fǔ）、簋（guǐ），既非合度，且多未备"，故 "元枢谨
按阙里制度，自吴中选匠设局，购铜鼓铸备，造礼乐各器"。图中所绘礼器，
包括豆、笾、簠、簋、鼎、爵、花瓶、香盒等，形制极为详备，是早期台湾
尊孔重要文献。

❶　　　　❷

深腹敛口环绕着花纹的圆形器皿

壶是中国人最常用的器具之一，就像尊、爵等古代器具一样，不仅在形制上多种多样，而且在礼制上也有许多严格的要求。

壶，甲骨文字形❶，这是一个象形字，活脱脱就是一个壶的形状，壶盖、壶腹、壶足都画得清清楚楚，中间的圆环形则是环绕壶身的花纹。甲骨文字形❷，壶盖的形状略有变化。金文字形❸，小篆字形❹，都没有任何变化。从甲骨文和金文字形来看，"壶"的形制当为深腹敛口的圆形器具。楷书繁体字形❺，壶盖和壶口处加以讹变，下面壶腹的形状还能看得出来。简化后的简体字，下面变成了"业"，壶腹的形状完全消失了。

《说文解字》："壶，昆吾圜器也。"昆吾氏是夏、商的一支部落，擅长制陶和冶金，包括壶在内的很多器具都是昆吾氏所制。一开始的时候，壶都是圆形的，所谓"圜器"，后来也加入了方形。饮宴之时，卿、大夫、士这几个阶层要使用方壶，取其公正端方之意；士兵阶层要使用圆壶，取其驯顺听命之意。

很多人都知道海中有三座神山，名为方丈、蓬莱、瀛洲，但是鲜为人知的是，这三座神山全都状如壶形，

❸

❹

❺

因此又称方壶、蓬壶、瀛壶，合称"三壶"。蓬、莱都是草名，可见此神山草木之茂盛。瀛是海，瀛洲即海中的神山。方丈之名最为有趣，大致有两种说法，一种说法是人心方寸，天心方丈，故称"方丈"；另外一种说法是"方"者，道也；"丈"者，长也，对长辈的尊称，"方丈"意即道长。这是道教的称谓，佛教传入中国后，借用了这一称谓，可是今天的人们只知道佛教"方丈"，而不知道道教的"方丈"了。从"方丈"之名也可看出此神山确为壶形。

李白有诗："击筑落高月，投壶破愁颜。"在古人看来，投壶是各种游戏中最古雅的一种，《礼记》甚至为投壶这种游戏专门列了一章，来讲述投壶的各种礼仪。简而言之，投壶是饮宴时的娱乐活动，宾主依次用没有箭头的箭矢投向盛酒的壶口，以投中多少决胜负，胜者罚负者饮酒。投壶是源自于射礼的一种游戏。

《左传·昭公十二年》讲述了一则有趣的"投壶"故事。晋昭公和齐景公饮宴，中行穆子相礼。投壶的时候，晋昭公先投，中行穆子说："有酒如淮，有肉如坻。寡君中此，为诸侯师。"有酒如淮水，有肉如高丘，我国君要是投中，就能统帅诸侯。晋昭公果然投中。齐景公拿起箭矢，说道："有酒如渑，有肉如陵。寡人中此，与君代兴。"有酒如渑水，有肉如山陵。我要是投中，代君而兴盛。也投中了。晋国另一位大臣伯瑕对中行穆子说："您刚才说的话不恰当。我们本来就已经统帅诸侯了，壶有什么用，投中有什么可稀罕的？如此一来齐君一定认为我国国君软弱，回去后就不会再来了。"中行穆子反驳道："我军统帅有力，士卒争先，今天就像从前一样强大，齐国能做什么呢！"这则"投壶"故事可视作晋、齐争霸的外交试探。

❶　　　❷　　　❸

亨人掌共鼎镬，以给水火之齐

——《周礼》

镬

抓着鸟儿放进鼎中煮

　　"镬"读作huò，现在是一个生僻字，但是却与古人的日常生活密不可分，这个字的字形也非常有趣。

　　镬，甲骨文字形❶，罗振玉认为这就是"镬"的本字。这是一个会意字，外面是一只鼎状的器具，里面是一只鸟，会意为把鸟儿放进鼎中煮。这只鼎状的器具叫"鬲（lì）"，和鼎的区别是，"鬲"下面的三足是中空的。甲骨文字形❷，鸟儿身边的黑点表示沸水。甲骨文字形❸，鸟儿和"鬲"的形状都加以简化。金文字形❹，开始变得复杂起来：左边添加了一个"金"，表示乃金属所制；右边鸟儿的下面又添加了一只手，表示用手抓着鸟儿放进"鬲"里面煮。金文字形❺，虽然更加美观，但是左边的鸟儿和右边的"鬲"的形状都变形得厉害。小篆字形❻，定型为今天使用的"镬"字。

　　《说文解字》："镬，镛也。""镛（xǐ）"是大盆，其实从形状上来看，"镬"并非大盆之形。《仪礼·少牢馈食礼》载："雍人陈鼎五，三鼎在羊镬之西，二鼎在豕镬之西。"雍人是掌管宰杀烹饪之人，羊镬煮羊，豕镬煮猪。由此也可知鼎和镬是有区别的。《周礼》中还有"省牲镬"的记载，牲镬是专门烹煮用作祭祀的动物的大锅。今天南方的许多地区还把锅叫"镬"或者

❹

❺

❻

"镬子"。

据《周礼》记载，周代有亨人一职，乃司炊之官："亨人掌共鼎镬，以给水火之齐。"郑玄解释说："镬，所以煮肉及鱼腊之器。既孰，乃脀于鼎，齐多少之量。"鱼腊即干鱼，"脀（zhēng）"指把牲体放入鼎中。由此可知，先用镬把肉或鱼腊煮熟，然后再将煮熟的肉或鱼腊放进鼎中。鼎、镬乃是两种烹饪器。

古时还有用鼎镬烹人的酷刑。《汉书·刑法志》："秦用商鞅，连相坐之法，造参夷之诛，增加肉刑、大辟，有凿颠、抽胁、镬亨之刑。"参夷指夷三族；大辟是死刑；凿颠指开凿头颅；抽胁指抽取肋骨致死；镬亨即镬烹，用镬烹煮人。秦朝刑罚之严酷，可见一斑。

古人最早的饮茶之法就是使用鼎镬。据南宋学者罗大经所著《鹤林玉露》记载："《茶经》以鱼目涌泉连珠为煮水之节。然近世瀹（yuè）茶，鲜以鼎镬，用瓶煮水，难以候视，则当以声辨一沸二沸三沸之节。"

在唐代陆羽《茶经》之前，中国人很少饮茶，陆羽首创制茶之法。陆羽煮茶，名目繁多："其沸，如鱼目，微有声，为一沸；缘边如涌泉连珠，为二沸；腾波鼓浪，为三沸。"还没有烧开的水称"盲汤"；水刚滚称"蟹眼"，泛起的小气泡就像螃蟹的小眼睛；渐大就叫"鱼目"，像鱼的大眼睛。如鱼目，此为一沸；水边就像涌泉连珠一样，此为二沸；腾波鼓浪，水彻底烧开了，此为三沸。罗大经感叹南宋时煮茶不再用鼎镬，而是用瓶，无法用眼睛察看到沸水之态，而只能依靠声音来辨别了。

宋人摹《萧翼赚兰亭图》（局部）

唐阎立本绘，绢本设色，台北"故宫博物院"藏

　　阎立本（？—673），唐代大画家，作品线条刚劲有力，色彩古雅沉着，有冠绝古今之美誉。 这幅画取材于唐人笔记，描绘监察御史萧翼奉唐太宗之命，骗取辩才和尚手中的王羲之真迹《兰亭序》的故事。现存宋人摹《萧翼赚兰亭图》计有三本，除此本外，另两本分别藏于辽宁省博物馆、北京故宫博物院。

　　画中左下画二仆煎茶。一年长者，满脸胡须，蹲坐在风炉前，炉上置放一"镬"，长柄带耳。炉火正旺，镬中水已沸。他左手执镬柄，右手持茶夹，似刚放下茶末，正要搅动茶汤。旁边一童子，弯身弓背，双手捧着茶托、茶碗准备分茶奉客。年长者专注备茶，童子小心等待，表情传神，刻画入微。炉边的茶几上置有茶托、茶碗、茶碾、茶罐等用具。由画中可看出，唐朝饮茶文化之盛，遍及民间，寺院中亦以茶待客。这一角画面形象展现了唐朝煎茶之器物、方式，以及唐人对茶之郑重其事。

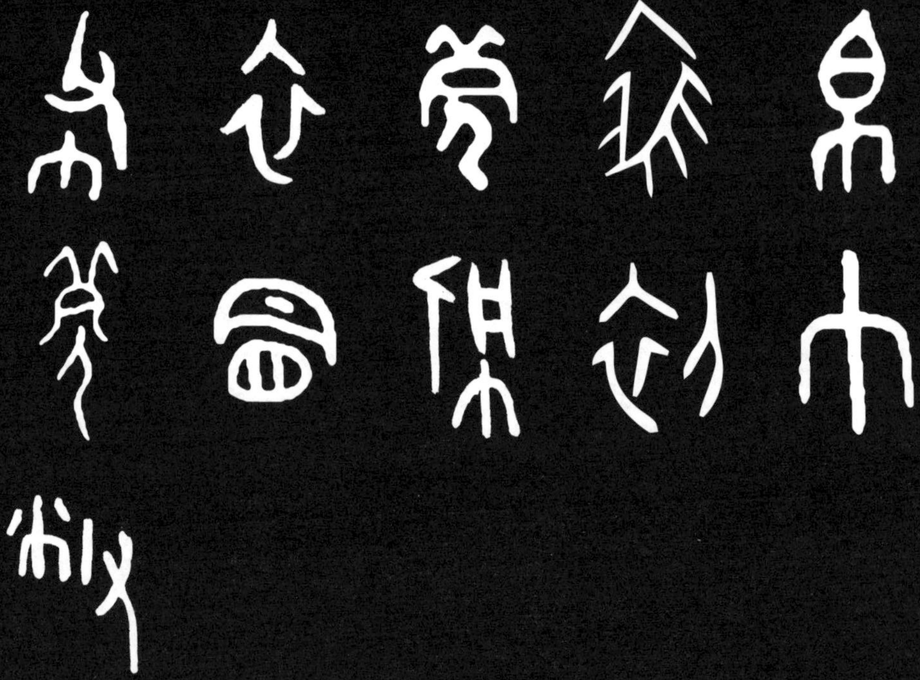

服饰篇

❶　　　　❷

布

手持工具的人穿着衣服

其藏曰泉，其行曰布

——郑玄

　　"布"作为一种制作衣服的织物，这是它今天使用最多的义项；不过在古代，"布"的含义可没有这么狭窄，相信很多人都不知道，"布"同时还用作钱币的代称。

　　甲骨文中还没有发现"布"，这表明"布"是一个后起字。金文字形❶，上面是一只手持着一个棒状的工具，下面是"巾"。多数学者认为上面就是"父"，用来表音；下面的"巾"用来表意，指衣服。也有学者认为上面的字符表示一个男人手持棒状或斧状的农具在耕作，下面的"巾"表示用来遮蔽身体的衣服。

　　布，小篆字形❷，上面有所讹变，但基本还能够看出来手和工具的样子。而我们现在使用的"布"字，已经看不出来这个形状了。

　　《说文解字》："布，枲织也。从巾父声。""枲（xǐ）"是不结籽的大麻，也用作麻的总称。段玉裁解释说："古者无今之木绵布，但有麻布及葛布而已。"也就是说，"布"的本义即麻布，木绵布即棉布，其原料棉花直到东汉末年才由印度引种而来，因此，先秦时期的平民所穿的衣服皆为麻制，故有"布衣"之称；贵族则可穿丝织品"帛"。

不过，陈云鸾在《中国人走过的历程（第二集）》一书中则认为"布"的金文字形下面不是"巾"，而是用于锄草的青铜农具"鎛（bó）"的象形，因此才可以作为钱币的代称。他这样写道："贝为信物，有关交换，但非作为特殊商品使用的货币；布为工具，有关生产，为青铜所制……此涵义为周室推行农业生产，并发展部落交换。此后贝向财货字义发展，故货财字多从贝；至铁器逐渐发展而铜器渐渐退伍，青铜农具钱鎛之类乃变成货币，改称钱布若泉布，或变为钟鎛则为乐器，时已入于东周后期。"

　　对古代货币史不熟悉的读者朋友可能不太懂这段话。原来，周代的货币称"布"或"泉"。据《周礼》记载，周代"外府掌邦布之入出"，郑玄注解说："布，泉也……其藏曰泉，其行曰布，取名于水泉，其流行无不遍。"意思是说："布"和"泉"只是同一物的两个不同的名称，收藏时称"泉"，用出去时称"布"，取泉水流淌而遍布之意。

　　不过，实际情况则更可能是，古代赋税以实物征收为主，而人人都离不开的纺织品是立国的物质基础之一，因此布帛就得以作为货币单位使用。正如张友直先生所著《中国实物货币通论》一书中所说："赋税的'赋'源于布帛之'布'，赋、布同音，声、义亦从'布'出，'布'为财货，赋字则从贝武，赋税之'赋'本以征收布帛币而得名，赋税之'税'则以征收谷物币而取义，两者都采取实物货币形式。"

《持布女子》（布をかざす女）

喜多川歌麿绘，约 1795—1796 年

　　这是一幅喜多川歌麿最擅长的"大首绘"，如特写镜头般细腻描绘女子头部和上半身之样貌、神情。画中美人整齐挽着乌黑发髻，眉目清晰，鼻子挺直，樱唇微启，露出染黑的牙齿。她双手扯起一块半透明印花织物，遮住脸庞，不知是想挡一挡前面的光线，还是想借此隐藏自己的容颜或某种情绪。这块薄纱织物透明度如此之高，色调与印花也非常雅致。歌麿将织物轻薄滑顺的质感表现得令观者也情不自禁想触摸。女子脸庞圆润，鬓发如云，肌肤细腻，仿佛还带着体温，这种活色生香的美人画正是歌麿的拿手好戏。

❶　　　　　❷

有领有袖有衣襟

愿在衣而为领，承华首之馀芳

——陶渊明

陶渊明在著名的《闲情赋》中深情地吟咏道："愿在衣而为领，承华首之馀芳"。痴情到想成为爱人衣服上的领子，以承接到爱人脖颈上的馀香。我们来看看"衣"和"领"的关系。

衣，甲骨文字形❶，这是一个象形字，上面是衣领，中间是衣袖，下面是衣襟合拢的形状，衣襟向左开。甲骨文字形❷，衣襟向右开。金文字形❸，字形更匀称，简直就像个活脱脱的衣架子，衣襟向左开。金文字形❹，衣襟向右开。小篆字形❺，衣襟向左开。楷体字形完全看不出衣服的样子了，更别说衣襟向哪个方向开了。

中国的衣服，据说是黄帝时的大臣胡曹所制，交领右衽。"衽（rèn）"是衣襟，所谓右衽，是指前襟向右掩，右边开襟，看起来像字母"y"的形状。这跟中原民族尚右的习俗有关。与之相反，中原以外的民族尚左，因而左衽，前襟向左掩，左边开襟。孔子有句名言："微管仲，吾其被发左衽矣。"意思是说如果没有管仲，我就要像蛮夷一样披散着头发，衣襟开在左边了。但是我们看"衣"的甲骨文和金文字形，左衽、右衽并没有如此严格的区分，金文字形中左衽甚至还多于右衽。小

❸　　　　❹　　　　❺

篆就更不用说了，明显是左衽。不知道为什么左衽和右衽的区别没有在这个字的字形中反映出来。如果允许猜想一下的话，"衣"字的不同写法是不是跟民族的融合有关？换句话说，不管是中原民族还是所谓的"蛮夷"，大家使用的都是同一套汉字系统，因此而出现了"衣"字左衽、右衽并存的现象。

《说文解字》："衣，依也。上曰衣，下曰裳。象覆二人之形。"人所倚以蔽体者也，故曰"衣，依也"。上衣叫"衣"，下衣叫"裳"。"裳"不是今天穿的裤子，而是裙子，不分男女都可以穿。《诗经·东方未明》中有两句诗："东方未明，颠倒衣裳。""东方未晞，颠倒裳衣。"天还没有亮就穿衣服，把上衣和下裙穿颠倒了。《诗经·绿衣》中也有"绿衣黄裳"的名句，是指绿色的上衣和黄色的下裙。今天的"衣裳"一词已经是泛指了。不过许慎根据小篆字形释为"象覆二人之形"是错误的。

儒家关于穿衣的礼仪有一整套不厌其烦的规定，在孔子身上表现得最为明显。据《论语·乡党》记载："君子不以绀緅饰，红紫不以为亵服。当暑，袗絺绤，必表而出之。缁衣羔裘，素衣麑裘，黄衣狐裘。亵裘长，短右袂。必有寝衣，长一身有半。""绀（gàn）"，深青透红，斋戒时所穿衣服的颜色；"緅（zōu）"，黑中带红，丧服的颜色；"亵服"，家居时所穿便服；"袗（zhěn）"，单衣；"絺（chī）"，细葛布；"绤（xì）"，粗葛布；"缁（zī）"衣，黑色的衣服；"麑（ní）"，幼鹿。

这段话的意思是：孔子不用深青透红或者黑中带红的布镶边，不用红色或者紫色的布做家居时的便服。夏天的时候要穿细葛布或者粗葛布的单衣，出门的时候一定要罩在内衣外面。黑色的衣服配黑色的羔羊皮衣，白色的衣服配白色的幼鹿皮衣，黄色的衣服配黄色的狐狸皮衣。家居时穿的皮衣做得长一点，右边的袖子短一点便于做事。睡觉时一定要有睡衣，长一身半。

同一章还说："斋，必有明衣，布。""明衣"是指在斋戒期间沐浴后所穿的干净内衣。孔子每当斋戒沐浴后，一定要穿明衣，明衣是用布做的。儒家礼仪是多么烦琐，由此可见一斑。

❶　　　❷

用簪子别住头发再戴上帽子

衣裳承瑞气，冠冕盖重瞳

——薛能

古代男子到了二十岁要举行冠礼，表示成年了，但体魄还没有发育到最强壮，因此二十岁的男子称"弱冠"。"冠"是后起的字，小篆字形❶，这是一个会意字，上面是一块布帛之类的东西，布帛覆盖下，右下是一只手，左下是一个人，人上面的两横，下面一横代表头，头上一横是簪子，整个字形就是冠礼的形象写照：用手把头发扎起来，绾成一个髻，用簪子把头发别住，最后戴上帽子。《说文解字》："冠，絭也。所以絭发，弁冕之总名也。"絭（juàn）是束缚之意，把头发束起来的东西就叫"冠"，因此"冠"的本义就是帽子。"冠"戴在头上，因此引申出位居第一的意思，比如冠军。

许慎说"冠，弁冕之总名也"，这里牵涉我国古代的冠服制度。我国古代把头上的装饰物统称为"头衣"，头衣的种类主要有：冠、冕、弁（biàn）、帻（zé）。

最初没有"冕"这个字，"冕"的古字是"免"。我们看"免"的甲骨文字形❷，这是一个象形兼会意的字，下面是一个人，上面是什么则有不同的解说。谷衍奎《汉字源流字典》认为"像人戴丧帽俯身而吊形。古代丧礼，先脱掉冠，然后用白布包裹发髻，免即此风俗的写照"。

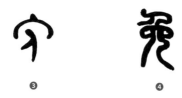

❸　　　　　❹　　　　　　　❺

徐中舒先生则认为"像羊角形为饰之帽"。总之跟帽子有关。金文字形 ❸，
略加简化。小篆字形 ❹，变得过于复杂了，而且变形得厉害，帽子的形状
不大看得出来了。《说文解字》没有收"免"字，段玉裁则解释说："免，
兔逸也，从兔不见足会意。"这就失掉了"免"的本义。后来"免"字假
借为免除的意思后，人们就造出了"冕"这个字。

　　后起的"冕"字，小篆字形 ❺，这是一个形声字，在"免"上面加上
了表意的"冃"字，"冃"就是"帽"的古字。《说文解字》："冕，大
夫以上冠也。"需要注意的是，"冠"发展到后来，跟"冕"一样都只能
供大夫以上的官员和天子本人使用，大夫以下的官员绝对不能使用。

　　冠服制度是我国古代最重要的礼仪制度，是等级制的象征，以此表示
贵贱有等，衣服有别。夏商时期冠服制度就已经定型，汉代时各种各样的
冠冕令人眼花缭乱。皇帝专用的冠称冕冠，上面有块前低后高的木板，两
端各悬十二旒（五彩丝线制成），每旒贯十二块五彩玉，还有各种装饰品。
皇帝之下的最高官员戴巍峨的通天冠。再低一级的官员戴长冠，然后是进
贤冠和武官专用的武冠、法冠等，具体的形制还有非常详细的规定，此处
不赘述。

　　冠冕既为皇帝和官员所戴，当然是很隆重的装饰，比如唐代诗人薛能
的诗句："衣裳承瑞气，冠冕盖重瞳。""冠冕"的引申义也不可能有丝
毫的贬义成分。事实也正是如此，"冠冕"引申为出人头地或者受人拥戴，

也用来指称仕宦之家。大概因为冠冕制度属于形象工程，后人于是把"冠冕"和"堂皇"两个词组合到一起，专门形容那些徒有其表的人。

弁本来供士这个阶层所用，后来通用为官帽，在举行吉礼的时候戴冕，通常的礼服配弁。弁又分爵弁和皮弁两种，爵弁乃文官所戴，"爵"是"雀"的通假字，这种帽子是用赤黑色的布做成的，像雀头部的颜色，故称"爵弁"。皮弁乃武官所戴，用白鹿皮所制。因为武官戴皮弁，因此后世以"弁"字指代低级武官，比如武弁、马弁等称谓即由此而来。帻是跟帽子配套的头巾，用这种头巾包裹着头，中间露出头发，帻前高后低，然后再戴上帽子。

毛朝外的皮衣

❶

❷

汉人徐幹在《中论·虚道》篇中引用谚语"救寒莫如重裘"，"重（chóng）裘"指厚毛的皮衣，可见在古人的日常生活中，"裘"是最重要的御寒衣物，因此可以想象，"裘"这个字被造出来的时候，一定反映了古人的某些生活习俗和衣饰礼仪。

裘，甲骨文字形❶，这是一个象形字，上面是衣领，下面是带毛的皮衣，请注意这件皮衣的毛是朝外的。金文字形❷，外围变成了"衣"字，里面的下部仍然是带毛的皮衣，上部添加了一只手，表示用手提起皮衣。金文字形❸，里面的那只手和外面的皮衣分离了。金文字形❹，这是《说文解字》收录的古文，省去了外面的"衣"，其实就是"求"字。小篆字形❺，变成了上中下结构。

《说文解字》："裘，皮衣也，从衣求声。一曰象形，与衰同意。""衰（suō）"是蓑衣，也是象形字，因此许慎说"与衰同意"，其实"裘"本来就是象形字，从以上字形看得非常清楚。许慎说"从衣求声"，乃是根据小篆字形的解释，不符甲骨文和金文的本义。

《诗经·都人士》中吟咏居住在京师的士人，有"彼都人士，狐裘黄黄"的诗句，郑玄解释说："古明王时，都人之有士行者，冬则衣狐裘，黄黄然取温裕而已。"穿着狐裘而能看到黄黄的毛色，可见古时的"裘"毛是

③　④　⑤

向外的。

《礼记·玉藻》中有关于"裘"的各种等级制区分和穿"裘"的各种礼仪。在行礼或者见宾客时，"裘"的外面必须加一件罩衣，称作"裼（xī）衣"，否则会被认为不敬。裼衣披在肩上，但是无袖，以便露出里面的"裘"的颜色。"裘"本来已美，裼衣的作用是飘扬飞舞更助其美，因此裼衣的颜色必须与"裘"之色相配。

"君衣狐白裘，锦衣以裼之。"狐白裘是最贵重的裘，国君所穿，用锦衣作裼衣。"君之右虎裘，厥左狼裘。"国君的卫士，居右的穿虎裘，居左的穿狼裘，以示威猛。"士不衣狐白。"狐白毛极少，以少为贵，只能国君穿，士阶层是不能僭越的。"君子狐青裘豹褎，玄绡衣以裼之。""褎"是"袖"的古字。大夫和士穿狐青裘，用豹皮装饰衣袖的边缘，用丝绸所制的黑色罩衣作裼衣。"麛裘青犴褎，绞衣以裼之。""麛（mí）"是幼鹿，"犴（àn）"是北方的一种野狗，麛裘是用幼鹿皮制成的白色皮衣，用青色的野狗皮装饰衣袖的边缘，用苍黄色的罩衣作裼衣。"羔裘豹饰，缁衣以裼之。"羔裘即黑羔裘，用豹皮装饰衣袖的边缘，用黑衣作裼衣。"狐裘，黄衣以裼之。"狐裘用黄衣作裼衣。

平民百姓不能穿以上各种"裘"，而只能穿"犬羊之裘"，而且"不裼，不文饰"，既不能穿裼衣，也不能在"裘"上作各种装饰。"吊则袭，不尽饰也。""袭"是袭衣，是罩在裼衣外面的上衣，按照礼仪，吊丧的时候要掩盖住裘色之美，因此用袭衣将"裘"罩住。

"裘"之为"裘"，实在是太烦琐啦！

《诗经·唐风图卷·羔裘》

（传）南宋马和之绘、赵构书，绢本设色长卷，辽宁省博物馆藏

　　《唐风图卷》是宋高宗与马和之合作的《诗经》系列图之一。《唐风图卷》根据《诗经·唐风》中的十二章诗意而绘。"唐"是指周成王的弟弟叔虞的封国，也就是后来的晋，大约在今天的山西汾河流域一带，"唐风"就是这个地方的诗歌。

　　这一段画面对应的诗是《唐风·羔裘》："羔裘豹祛，自我人居居。岂无他人？维子之故。羔裘豹褎，自我人究究。岂无他人？维子之好。"《毛诗序》说："《羔裘》，刺时也，晋人刺其在位不恤其民也。"今人解释中，或谓本诗述朋友反目，或谓奴刺其主，或谓情诗。从内容看所写的是当时一位卿大夫，只有卿大夫才能穿袖口镶着豹皮的羔裘（"羔裘豹祛"）。画面上，一身华丽裘衣的卿大夫乘马车招摇而过，趾高气扬，后面可能是他的故人，正对其侧目而视。诗中的"居居""究究"都是形容傲慢无礼的样子。

❶　　　　　　　❷

帛

未染色的白色丝织物

五十者可以衣帛矣　——《孟子》

因为附着于其上的物质要件或者生活方式的消失，很多古代常用的汉字今天都已经很少使用，"帛"也是其中之一，以至于"裂帛之声"这样的如实写照也只存在于人们关于文学欣赏的想象之中了。但是在古代，"帛"可是人们日常生活中非常重要的服饰的原料。

早在商代，古人就已经造出了"帛"字，甲骨文字形❶，上"白"下"巾"，表示未染色的本色为白色的丝织物。金文字形❷，小篆字形❸，没有任何区别，也跟两千年以降、今天所使用的"帛"字没有任何区别。

《说文解字》："帛，缯也。从巾，白声。"和"帛"一样，"缯（zēng）"也是丝织品的总称，还有一说是"杂帛曰缯"，也就是染色的帛称"缯"。张舜徽先生在《说文解字约注》一书中总结说："帛之言白也，谓其色洁白也。缯以白者为本色，因谓之帛耳。璧本白色，故汉人取以喻缯之洁白。帛乃素缯之专名，引申为凡缯之通名。"汉代人用白璧来比喻洁白的帛，称之为"璧色缯"。

孟子在《梁惠王上》篇中议论道："五亩之宅，树之以桑，五十者可以衣帛矣。"由此可看出，作为丝织品的帛，并非平民百姓消费得起的。正如清代学者桂馥在《说文解字义证》中的引述："《范子计然》曰：'古

❸

者，庶人老耋而后衣丝，其馀则麻枲而已'"。

六十到八十岁的年龄统称"老耋（dié）"，只有到了这样的年龄才有资格穿帛；"麻枲（xǐ）"即麻布，平民百姓只能穿得起麻布衣服。因此，孟子理想中的社会形态就是："七十者衣帛食肉，黎民不饥不寒，然而不王者，未之有也。"

帛的产量有限，价格又高，因珍贵而用作进贡、馈赠或者祭祀的礼品。《尚书·舜典》中记载舜帝制定的朝礼："修五礼、五玉、三帛、二生、一死，贽。""五礼"指吉礼、凶礼、军礼、宾礼、嘉礼；"五玉"指公、侯、伯、子、男五等诸侯所执的五种瑞玉，根据等级高下，分别为璜、璧、璋、珪、琮。

"三帛"则极为讲究："诸侯世子执纁，公之孤执玄，附庸之君执黄。""纁（xūn）"指浅红色的帛，为代表诸侯的嫡长子所执；黑色（玄）的帛则为代表公的嫡长子所执；黄色的帛则为附属诸侯的小国之君所执。"三帛"的作用是用来垫着五种瑞玉。

"二生"指卿所执的小羊（羔）和大夫所执的雁，这是活的；"一死"指士所执的雉（野鸡），这是死的；"贽（zhì）"即贽礼，古人初见面时必须带着礼物。

以上就是诸侯、卿大夫和士朝见天子时的贡物。

同"布"一样，"帛"也用作货币，称作"布帛"或"布帛币"，乃是古代中国早期的实物货币。

《捣练图》（局部）

（传）唐代张萱绘、宋赵佶摹本，绢本设色，美国波士顿艺术博物馆藏

张萱，唐代画家，长安（今西安）人，以善绘贵族仕女、宫苑鞍马著称。唐宋画史著录张萱作品有数十幅，不少被许多画家一再摹写，但张萱原作至今无一留存。这幅传宋徽宗赵佶临摹的《捣练图》卷，是张萱作品传世的重要摹本。

这一幕描绘的是四个女子以木杵捣练的情景。画家以细劲圆浑、刚柔相济的墨线勾勒人物，辅以柔和鲜艳的重色，画中女子端庄丰腴，情态生动，体现出张萱人物"丰颊肥体"的特点。"捣练"又称"捣衣"，是古代制作衣服的重要工序之一。"练"是一种生丝制成的丝帛织品，刚刚织成时质地坚硬且发黄，必须经过沸水煮泡和漂白，再用木杵反复捶捣才能变得洁白柔软。丝制成丝帛在汉代前后，捣练法随之出现。

❶

❷

猎人戴着羊角形的帽子

免胄而趋风

——《左传》

《说文解字》中没有收录"免"字，多数学者认为"免"是"冕"的本字。但"免"到底是什么形制的帽子，则众说纷纭，本文谨罗列各种妙趣横生的观点，供读者朋友参考。

免，甲骨文字形❶，下面是一个俯身之人，上面很明显是一顶有角状装饰的帽子。甲骨文字形❷，帽子的形状大同小异。于省吾先生在《甲骨文字释林》一书中认为"本像人戴羊角形之帽。古代狩猎，往往戴羊角帽并披其皮毛，以接近野兽而射击之"。

马叙伦先生认为是"首铠"之形，即作战用的头盔。许进雄先生在《中国古代社会》一书中持同样的观点："甲骨文的'免'字，作一人戴有弯曲装饰的头盔状。戴头盔的目的在于避免箭石的伤害，故引申有避免、免却、脱免等从保护头部转来的有关意义。戴头盔本是武士才有的殊荣，作战的装备。后来非武士成员掌握政权后也可戴冠帽，头盔也演变成行礼用的礼冠。所以'免'演变成'冕'字，是行礼用的冠。"

谷衍奎先生在《汉字源流字典》中则释义为："甲骨文像人戴丧帽俯身而吊形。古代丧礼，先脱掉冠然后用白布包裹发髻，免即此风俗的写照。如今农村丧帽仍以白布勒在头上。"

❸

❹

免，金文字形 ❸，省掉了帽子上的角状装饰。白川静先生据此认为："此字有两个字源。1.象形，除冑之形。由摘下头盔引申出摘除、脱下、摆脱、避免、免除之义。战场上，行礼时应摘下头盔。2.象形，分娩时的状态。两胯展开婴儿出生之态。义为分娩。'免'为'娩'之初文。"

冕，小篆字形 ❹，上面添加了表示帽子的"冃"，从而定型为一直使用到今天的"冕"字，本义为统治阶层所戴之冠。

以上诸说中，"免"指头盔，比如《左传·成公十六年》记晋、楚鄢陵之战，晋国大夫郤至"见楚子，必下，免冑而趋风"，这是说郤至追逐楚军时，看到楚共王，立刻就下战车，脱去头盔，疾行至下风处，以示对对方国君的尊重，因此被君子评价为"勇以知礼"。显然，"免"的脱去之意即由头盔引申而来。

"免"指丧帽，比如《左传·僖公十五年》记秦、晋韩原之战，晋惠公被俘，秦穆公打算把他杀了，秦穆公的夫人穆姬是晋惠公的姐姐，于是穆姬"使以免服衰绖逆"。"免"即指白布缠头的丧冠，"衰（cuī）"是用粗麻布制成的丧服，"绖（dié）"指系在头或腰上的丧带。穆姬派使者捧着丧服去迎接秦穆公，表示自杀的决心，以此救弟弟一命。

诸说之中，当以于省吾先生的观点最符合古人日常习俗的原貌，而且"免"和"冒（帽）"是同源字，详见后文关于"冒"的说解。至于白川静先生所谓像"两胯展开婴儿出生之态"，从字形上实在看不出来，因此分娩之"娩"不过是"免"的衍生义而已。

❶　❷

装饰有两只角的帽子

太后以冒絮提文帝

——《史记》

　　今人习俗，并不是每个人都戴帽子，不过在古代，戴帽是礼制的一部分，也就是说，礼制要求每个人都必须戴帽子。杜甫的名篇《饮中八仙歌》吟咏"张旭三杯草圣传，脱帽露顶王公前，挥毫落纸如云烟"，"脱帽露顶"是不礼貌的行为，更严重地说，是不符合礼制的行为。当然，所戴帽子的形制也有极其严格的等级制的区别。

　　需要说明的是，《说文解字》中没有收录"帽"，可见这是一个后起字。"帽"的古字写作"冃"和"冒"，魏晋时期词义区分的时候才添加了一个巾字旁，用作帽子的专称。

　　冃，甲骨文字形❶，下面是网状的头巾，头巾上面装饰着两只角。甲骨文字形❷，大同小异。《说文解字》："冃，小儿、蛮夷头衣也。"张舜徽先生在《说文解字约注》一书中解释说："即今所称便帽也，以巾为之，但取御风寒耳。今老农老圃犹多着之。"

　　这一释义并没有讲清楚头巾上面为何会有角饰。本书前文关于"免"的解说时已指出"免"和"冒"为同源字，请再重温于省吾先生在《甲骨文字释林》一书中的观点："本像人戴羊角形之帽。古代狩猎，往往戴羊角帽并披其皮毛，以接近野兽而射击之。"李孝定先生在《甲骨文字集释》一书中赞同这一观点，并补充解释

❸

❹

说："于谓上像羊角之饰，今吾湘小儿头衣常作兽头形（多作虎头），上出两耳，谓可避邪。与契文此字状极相似。"

冒，金文字形❸，发展到西周时期，戴帽已成日常礼制，因此省去了原始思维的角饰，只留下头巾之形，头巾里面的一横表示头部，下面则添加了一个横"目"，表示帽子下面就是眼睛。小篆字形❹，横目变竖目，同时帽边拉长，变成了从冃从目的形声字，头巾的形状也不大看得出来了。

《说文解字》："冒，蒙而前也。"徐锴进一步解释说："以物自蒙而前也。"张舜徽先生更进一步解释说："今小儿嬉戏时，以巾裹目，相互追逐捉摸，谓之捉迷，盖远古之遗俗也……冒之本义为目不见物之称，引申之则凡无知妄作者皆曰冒。"

白川静先生在《常用字解》一书中也说："帽子戴得很深，只露出眼睛，谓'冒'，有覆、戴之义……头戴头盔，突击向前，有冒险之义。"

也就是说，包括许慎在内的这些学者都不认同"冒"是"帽"的古字，而是认为"冒"的本义指用头巾或者别的东西蒙住眼睛向前。但金文字形下面的眼睛明明睁得很大，因此还是释义为"帽"最为准确。

《史记·绛侯周勃世家》记有一次薄太后生汉文帝的气，"太后以冒絮提文帝"，"冒絮"即指丝绵所制的头巾，也由此可见汉代时的头巾或帽子称"冒"。

上古时期，帽子的形制可比今天丰富多了，统称为"头衣"，主要的有统治阶层所戴的冠、冕、弁（biàn），以及庶民所戴的巾、帻（zé），必须按照等级佩戴，丝毫混淆不得。

《酒中八仙图卷》（局部）

明清佚名绘，绢本设色长卷，美国大都会艺术博物馆藏

　　此画又称"饮中八仙图"，根据杜甫《饮中八仙歌》创作，
图中醉八仙排序为：李适之、贺知章、汝阳王李琎、崔宗之、苏晋、
李白、张旭、焦遂。历代绘画名家都喜好以杜甫《饮中八仙歌》
入画，尤其是明清画家。本卷为纯粹的人物图卷，无山水庭园背景，
着力刻画人物举止情态，突出每位酒仙的个性。

　　右图一段画的是"张旭三杯草圣传，脱帽露顶王公前，挥毫落纸如云烟"。当中一方长案，案旁一文士，露顶松衫，一手持酒盏，一手捉毛笔，正要挥毫落纸。两个童子，一从背后扶持，一在前方捧砚。另有观者二人，衣冠整齐，相视议论着什么。潇洒挥毫者即张旭，案上放着一顶软脚幞头，便是张旭所脱之帽了。

①　②

一个人衣带上挂着玉

知子之来之，杂佩以赠之

——《诗经》

　　"佩"这个字涉及古人佩玉和佩带的一系列规矩，而且这个字最初造出来的时候，也跟玉和带密切相关。

　　佩，金文字形❶，这是一个会意字，左边是一个人，右上部是盘形的玉，右下部是"巾"，作为装饰。金文字形❷，左边的人转过脸来，面向玉和巾。小篆字形❸，右上部的盘形玉变形为"凡"。

　　《说文解字》："佩，大带佩也。佩必有巾，巾谓之饰。"本义是系在衣带上的玉饰。《诗经·女曰鸡鸣》是一首夫妻对话的诗篇，面对妻子的关怀，丈夫深情地吟咏道："知子之来之，杂佩以赠之；知子之顺之，杂佩以问之；知子之好之，杂佩以报之。"这里的"杂佩"指连缀挂在一起的各种各样的佩玉。

　　许慎为什么称"佩，大带佩"呢？这是因为古代官员的服饰一定要用带来束起来，带分革带、大带两种，革带就是皮制的带子，大带是素丝制的带子。革带在内，佩玉、官印、荷包等都系在革带上；大带在外，又叫"绅"。"缙绅"一词的"缙"通"搢"，颜师古说："缙，插也，插笏于绅。""笏（hù）"是上朝时大臣所执的狭长手板，按等级分别用玉、象牙或竹制成，用来记事，免得临时忘了向皇帝禀报的细节。"缙绅"就是将这块手板插在

❸

"绅"里。因此许慎说的"佩，大带佩"其实应该叫作"佩，革带佩"。

《礼记·玉藻》中有关于佩玉的种种规定："古之君子必佩玉。""凡带必有佩玉，唯丧否。"举办丧事的时候要去掉包括佩玉在内的各种饰物。"君子无故，玉不去身，君子于玉比德焉。"因为佩玉较多，比如"杂佩"，一走路就会叮叮当当发出悦耳的声音，这表示"非辟之心，无自入也"，对人不利的邪恶之心，因这种示警般的响动而无法得逞。

东汉学者刘熙所著《释名》一书如此解释"佩"字："佩，倍也，言其非一物，有倍二也。"所谓"倍二"，是指佩玉有两种功能，一种叫"事佩"，一种叫"德佩"。古人认为玉具备了仁、义、智、勇、洁五种德行，平时佩带上玉，表示"于玉比德"，这就叫"德佩"；但是上朝的时候，要用绶带把佩玉打结，不让它们发出声音，以表示要和国君议事，这就叫"事佩"。

《礼记·玉藻》还规定：天子佩白玉，用黑色丝带系玉；公侯佩山玄玉，用朱色丝带系玉；大夫佩水苍玉，用纯色丝带系玉；天子或诸侯的太子佩瑜玉，用青黑色丝带系玉；士佩瓀玟，瓀（ruǎn）和玟（mín）都是似玉的美石，用赤黄色丝带系之。但是孔子比较特殊，佩戴的是五寸象牙环，用青黑色丝带系之。孔子为什么独独佩戴象牙环呢？郑玄解释道："谦不比德，亦不事也。象，有文理者也；环，取可循而无穷。"孔子是圣人，又是教育家，因此既不"德佩"也不"事佩"。孔颖达解释得更清楚："象牙有文理，言己有文章也；而为环者，示己文教所循环无穷也。"

初

用刀给新生儿裁新衣

皇览揆余初度兮，肇锡余以嘉名

——屈原

❶　　　　　❷

"初"这个字的左边是衣字旁，右边是一把刀，这两个字符组合在一起，为什么能够表示初始之意呢？我们来看看古人造这个字的时候到底是怎么想的，这个字又反映了先民的什么习俗？

初，甲骨文字形❶，这是一个会意字，左边是"衣"，右边是刀，会意为以刀裁衣。甲骨文字形❷，大同小异。金文字形❸和❹，区别不大。小篆字形❺，可以看出，这个字几千年来几乎没有任何变化。

《说文解字》："初，始也。从刀从衣。裁衣之始也。"徐锴解释说："礼之初，拖衣以蔽形。以刀裁衣，会意。"清代学者朱骏声解释《广雅·释诂》中"初，舒也"的释义时说："谓展布帛以就裁。"历代学者都认为以刀裁衣乃是做衣服的开始，做衣服遮蔽身体又是文明的开始，因此而引申为初始。

不过，我倒认同白川静先生的独特解释，他说："初次做衣，即给新生儿做婴儿服。想来，制作婴儿服前，先要举行剪切布料的仪式。由此，'初'有了初始、起始之义。"

《尚书·召诰》篇中，周公和召公赞美周成王居住洛邑治理天下的决定，于是"王乃初服"，孔安国解释

❸

❹

❺

说："言王新即政，始服行教化，当如子之初生，习为善，则善矣。"很显然，将"初服"解释为初始服行教化，这应该是引申义；我很怀疑"初服"的本义正是白川静先生所说的给新生儿做婴儿服之前剪切布料的仪式。《召诰》篇紧接着把"初服"比作"若生子，罔不在厥初生，自贻哲命"，此即孔安国所谓"当如子之初生，习为善，则善矣"。而初生子第一件事就是为他做衣服，做衣服之前举行祈福仪式，当然就是希望初生子向善之意。从此义引申开去，后世于是将还没有做官时所穿的衣服称作"初服"，与"朝服"相对。

此外，还有一个佐证。屈原在《离骚》开篇就吟咏道："皇览揆余初度兮，肇锡余以嘉名。"我的父亲揆度观察我初生的时节，一开始就赐给我美好的名字。"初度"，历代学者们都释为初生之时，因此后来也用作生日的代称。"度"是指伸开两臂度量长短，"初度"极有可能是屈原的父亲为他度量布帛的长短，裁新衣举行祈福仪式，然后取名为"平"，寄托着美好的愿望。商代有衣祭或称衣祀的祭祀，民间甲骨文研究者华强先生将"衣"解释为新生儿分娩时的胎衣，因此衣祭"很可能是和新生婴儿有关的向祖先祈福的祭祀，为了祈求祖先对该婴儿的庇佑"。这应该就是"初"字从衣从刀的本意所在。

"初"由为新生儿裁新衣引申为次序居第一之位，比如据王国维先生考证，古人将一月分为四，第一日至七八日就叫"初吉"。不过也有学者认为"初吉"指初一日，《诗经·小明》篇中有"二月初吉，载离寒暑"的诗句，意思是二月初一，历经寒暑。

①　　　　　**②**

用细丝把巾系在带子上

佩必有巾，巾谓之饰 ——《说文解字》

　　从"巾"的汉字非常多，常见的比如带、布、帛、帐、幕等，也就是说，丝麻制品和布制的物品多从"巾"。但是稀奇的是，甚至连幣（币）、帑这样的汉字都从"巾"！可见"巾"在古人日常生活中的重要性。

　　"巾"是一个极其简单的字，甲骨文字形**①**，金文字形**②**，再到小篆字形**③**，两千多年来没有任何变化。《说文解字》："巾，佩巾也。从冂，丨象系也。"也就是说，这个字形外面的"冂"像一幅巾的形状，中间的一竖是"系（mì）"，即细丝，用这条细丝把这幅巾系在带子上。

　　《说文解字》对"佩"所做的释义中说："佩必有巾，巾谓之饰。"古代礼制要求日常佩带的物品中必须要有"巾"，因此许慎才会解释为"佩巾"。张舜徽先生在《说文解字约注》一书中进一步解释说："古之佩巾，亦所以为容饰也。今人随身有小手巾，以备揩汗去垢之用，即古人所谓拭物也。大抵拭物之巾小，覆物之巾大，佩巾乃小巾也。余儿时犹及见士大夫家妇女常纳巾于右腋衽间，而露垂于外，不时取以拭污垢，盖亦佩巾遗意，惟无系耳。"

　　这块不分男女人人都必须带的佩巾又称作"帨

❸

（shuì）"或"纷帨"。《礼记·内则》中有这样的规定："子生，男子设弧于门左，女子设帨于门右。""弧"指木弓，生了男孩子要在门的左边挂上一张木弓，生了女孩子则要在门的右边挂上一块佩巾。古人对男孩子和女孩子未来的期望由此可见区别。

不仅如此，这块佩巾还将跟随女人一起出嫁。据《仪礼·士昏礼》载，女子出嫁前夕，"母施衿结帨"。"衿（jīn）"指衣服的交领，"施衿"即在交领上系缨带，表示已经有所归属；佩巾也要系在交领上。然后母亲还要说："勉之敬之，夙夜无违宫事。""宫事"指婆婆所吩咐的事。

"巾"既可作佩巾，也可作头巾使用，人们熟知的"巾帼"一词即指女人用以覆发的头巾和发饰，《三国演义》第一百零三回《上方谷司马受困，五丈原诸葛禳星》中的描绘非常清楚："孔明乃取巾帼并妇人缟素之服，盛于大盒之内，修书一封，遣人送至魏寨。诸将不敢隐蔽，引来使入见司马懿。懿对众启盒视之，内有巾帼妇人之衣，并书一封。"

古代男女均不剃发，贵族男子用巾束发，然后戴上冠冕；庶人则只能戴巾，也称"帻（zé）"或"巾帻"，后来通称"帽"。

至于币（币）、帑等字从巾，那是因为古代中国早期以布、帛为实物货币的缘故，本书中"布""帛"二字的解说中已有详述。因此从巾的"币（币）"即指用作馈赠或实物货币的帛，"帑（tǎng）"则指国库所藏的金帛。

蔡天啓　蘇東坡　王晉卿　李端叔

《宋刘松年西园雅集卷》（局部）
明代佚名绘，绢本设色长卷，台北"故宫博物院"藏

　　北宋文人雅士经常举行文会，饮酒、赋诗、谈笑或作画。后人便将其雅行逸事绘成画卷，以供纪念或玩赏。"西园雅集"画的是北宋名士苏轼、米芾、黄庭坚等十余人宴集于驸马王诜之西园之事。"西园雅集"世传多个版本，本卷为明代人仿刘松年笔意之作。画中主要人物上方均题有名字，全卷敷彩清丽，铺陈有序。刘松年，生卒年不详，南宋宫廷画家，以工画山水、人物而闻名。
　　参加聚会的雅士分了四组，这段画面是其中一组：王诜、蔡肇和李之仪围观苏轼写书法。正在桌案前挥毫落笔的就是大文豪苏轼。众文士头上皆着巾帽，苏轼所戴与别人不同。这种形制的巾帽被后人称为"东坡巾"，又名乌角巾，相传因苏轼佩戴而得名。其巾制有四墙，墙外有重墙，比内墙稍窄小。前后左右各以角相向，戴之则有角，介在两眉间。《东坡居士集》有"父老争看乌角巾"之句。后世人欲作风流偶傥之态，往往戴一项"东坡巾"。

❶   ❷

用一根小棍子撕裂布巾

敝帷不弃，为埋马也；敝盖不弃，为埋狗也

——《礼记》

　　敝，甲骨文字形❶，这是一个会意字，左边是"巾"，右边是一只手持着一根小棍子，会意为持棍撕裂布巾。甲骨文字形❷，在"巾"的上面又添加了两点，表示撕裂的布巾的碎片。秦代石刻《诅楚文》中的字形为❸，左边还有碎布条的形状。小篆字形❹，承前而来。

　　《说文解字》："敝，帗也。一曰败衣。""败衣"即破败、破旧的衣服，后面这个解释是"敝"的本义。至于解释成"帗"，通"韨"，"韨（fú）"是古时衣裳前面用以遮盖的饰物，通常以熟皮制成，长至膝盖，所以又称"敝膝"或"蔽膝"，根据不同的身份和等级而有形制、颜色、图案的区别，比如缊韨（赤黄色的敝膝）、赤韨、绿韨等，用于祭祀或者礼服。汉代出现了布制的敝膝，王莽的妻子生活简朴，"布蔽膝"，以至于被当作婢仆。

　　有人以为敝膝就是围裙，其实大谬不然。古人有一段话说："古者田渔而食，因衣其皮，先知蔽前，后知蔽后。后王易之以布帛，而犹存其蔽前者，重古道，不忘本。"这并非是"重古道，不忘本"，而实在是上古时期遮羞物的遗留而已。敝膝很窄，而且长到可以遮住膝盖，不像围裙一样系在腰上，而是束到大带上，作为

③　　　　　　　④

一种装饰，同时也是礼仪的要求。围裙，顾名思义，是围在腰上，便于工作。司马相如和卓文君穷困潦倒，在临邛卖酒的时候，相如亲自干活儿，腰间围的就是一条"犊鼻裈（kūn）"，形状很像牛犊鼻子的围裙。此乃所谓贱者之服，因此卓文君的父亲卓王孙"闻而耻之"。

《礼记·檀弓下》记载了一则孔子的逸事："仲尼之畜狗死，使子贡埋之，曰：'吾闻之也，敝帷不弃，为埋马也；敝盖不弃，为埋狗也。丘也贫，无盖；于其封也，亦予之席，毋使其首陷焉。'"孔子养的狗死了，他对子贡说："破旧的帷帐不能扔掉，要用它来埋马；破旧的车盖不能扔掉，要用它来埋狗。我很穷，没有车盖，埋葬狗的时候，也要用席子把它裹起来，不能让它的头直接埋在土里。"

这个故事很有意思，我们对照来看《论语·乡党》中的一则记载："厩焚。子退朝，曰：'伤人乎？'不问马。"孔子家的马圈被烧了，孔子退朝回来，问："有人受伤了吗？"却不问马的受损情况。历代学者多持"贵人贱畜"之说，比如朱熹就说："非不爱马，然恐伤人之意多，故未暇问。盖贵人贱畜，理当如此。"孔子只问"伤人乎"，这是因为以人为先，但是当他的狗死了的时候，却秉承"敝盖不弃，为埋狗也"的精神，并没有因为"贵人贱畜"就致狗的尊严于不顾。同理，"敝帷不弃，为埋马也"，"敝帷不弃"因此而成为一个成语，但后人多解释为破旧之物也自有用处等，却忽视或者掩盖了后面埋马的重点。

居所篇

家

屋子里养了头猪

丘也闻有国有家者 —— 《论语》

❶ ❷

　　如果在"最中国"的汉字中再加以筛选，我认为"家"这个字可以当之无愧地进入最中之最，因为这个字隐藏着中国文化的全部奥秘。

　　家，甲骨文字形❶，是一个会意字，上面是"宀"，下面是一头猪（豕）。"宀"读作 mián，《说文解字》："交覆深屋也。"明末学者田艺蘅进一步解释道："古者穴居野处，未有宫室，先有宀，而后有穴。宀，当象上阜高凸，其下有凹，可藏身之形，故穴字从此。室家宫宁之制，皆因之。"由此可见，"宀"就是人类最早的藏身之所，"宀"里面养着一头猪，猪是中国古人最早驯养的六种动物之一，二者组合在一起，就成了"家"这个字。金文字形❷，则"家"的含义更加显豁："宀"下面有一头头朝下的大肥猪。金文字形❸，猪的样子有些变形，以至于有人误以为是狗，但甲骨文中猪是垂尾，狗是翘尾，以此为别。小篆字形❹，今天我们所用的"家"字就此定型。

　　《说文解字》："家，居也。"《尔雅·释宫》对"家"的方位作了更精准的描述："牖户之闲谓之扆，其内谓之家。"扆（yǐ）是古代宫殿内门和窗之间的地方，从

❸

❹

这个地方再往里走就是"家"。这个描述呼应了《说文解字》关于"宀"的解释："交覆深屋也。"家一定是深屋，位于整个宫殿或整栋房屋的最深处，因此"有夫有妇，然后为家"。

中国传统文化往往将家、国并举，家、国不分，家、国一体，进而形成民族潜意识，导致个人价值的缺失，并深刻地影响到中国的近现代化进程。孔子在《论语·季氏》中说："丘也闻有国有家者"。"国"和"家"的区别是："国"指王或诸侯的统治区域，"家"是卿大夫的封地食邑。《孟子》中则说得更加清楚："王曰：何以利吾国？大夫曰：何以利吾家？""家"既为卿大夫的封地，那么理所当然地隶属于"国"，"家"中之人也就理所当然地隶属于"国"。因此孟子才会这样说："人有恒言，皆曰天下国家，天下之本在国，国之本在家，家之本在身。"《易经》中更如此发挥："君子安而不忘危，存而不忘亡，治而不忘乱，是以身安而国家可保也。"个人服从于国家，消融于国家，从而使得中国国家至上的价值观迥异于西方文明中个人至上的价值观。

"国家"已经成为一个现代概念，但是在中国，尚有一个全世界独有的称谓，这就是"家国"一词。以现代人的眼光看来，家就是家，国就是国，何来所谓"家国"？"家国"一词最早出自周公之口，西周立国后，周公曾训诫群臣，其中有这样的话："是人斯乃谗贼媚嫉，以不利于厥家国。"孔子在《礼记·大学》中将"家国"的概念表述得更加清晰："古之欲明明德于天下者先治其国，欲治其国者先齐其家，欲齐其家者先修其身，欲修其身者先正其心……心正而后身修，身修而后家齐，家齐而后国治，国治而后天下平。"这就是儒家著名的"修齐治平"理论，家和国不可分割的关系从中看得清清楚楚。在皇权时代，"家国"其实就是"家天下"，是皇帝一人的私有财产，唐肃宗曾经对重臣郭子仪说过这样的话："吾之家国，由卿再造。"就是赤裸裸的"家天下"的表述，所谓"普天之下，莫非王土；率土之滨，莫非王臣"，是与现代公民意识背道而驰的。

李公麟（1049—1106），北宋著名画家，字伯时，号龙眠居士，博学多才，富文辞，工书法，精于鉴赏。凡人物、释道、鞍马、山水、花鸟，无所不精，时推为"宋画中第一人"，白描人物尤为杰出。美国大都会艺术博物馆藏《孝经图》卷作于1085年，是现今存世公认的李公麟真迹之一。

　　这段画面描绘的是《孝经·事君章第十七》："子曰：君子之事上也，进思尽忠，退思补过，将顺其美，匡救其恶，故上下能相亲也。"家国不可分，所以"事君"成为最重要的"孝道"。画面被一道冉冉烟云分成上下两部分，上半段是一位士大夫在朝堂上躬身进谏，下半段还是此人，正独处于私家园林之中闭门"思补过"。对古代文人士大夫来说，出仕与隐退是一对永恒矛盾，他们既想经世致用又向往隐逸遁世。当然隐退也并不代表可以悠游家庭田园，"进亦忧，退亦忧"才符合儒家大道。

《孝经图》（局部）

北宋李公麟绘·绢本水墨长卷·美国大都会艺术博物馆藏

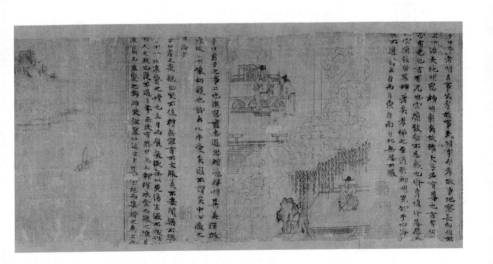

❶　　　❷　　　❸

一支箭射中内室的地面

由也升堂矣，未入于室也　——《论语》

有一个人们常用的成语"登堂入室"，比喻学问或技能由浅入深。先登堂然后才能入室，"堂"和"室"的前后方位一目了然。

室，甲骨文字形❶，这是一个会意字，上面是屋顶，中间是一支箭头朝下的箭矢，最下面的一横表示地面。整个字形会意为从外面射来的箭，到了内室的地面就停止了。甲骨文字形❷，箭的尖头更是栩栩如生。金文字形❸，大同小异。金文字形❹，射来了两支箭。金文字形❺，地面变成了上下的两横。小篆字形❻，自古以来都没有任何变化。

《说文解字》："室，实也。"什么叫"实"？段玉裁进一步解释说："古者前堂后室。《释名》曰：'室，实也，人物实满其中也。'引申之，则凡所居皆曰室。《释官》曰：'宫谓之室，室谓之宫。'是也。"

古人的居处分为三个部分：堂，室，房。最前面是堂，主要功能是祭祀祖先，不能住人。人们常说的几世同堂，指的就是整个家族共同在"堂"上祭祀祖先。堂的后面是室，是住人的地方。室的两侧是房，就是我们常说的东厢房、西厢房。整栋建筑必须建在一个高出地面的台基之上，所以必定要有台阶，要进入"堂"必定要"升阶"，一级一级台阶登上去，所以只能"登堂"才能"入室"。

④

⑤

⑥

孔子曾评价学生子路（名叫仲由）说："由也升堂矣，未入于室也。"这是形容子路的学问虽然登上了正堂，但是还没有进入堂后面的内室。

那么"室"的字形中为什么用箭矢落地来会意呢？这是因为箭矢是古人日常生活中非常重要的物什，射是六艺之一，射礼又是六礼之一，因此古人就随手使用身边常见的物什来造字，即《易经》所谓"近取诸身"。《说文解字》："至，所止也。"用箭矢落地来会意所止。段玉裁说："室屋者，人所至而止也。"这就是用箭矢落地来会意的由来。

白川静先生则另有有趣的解释，他说："建造重要的建筑物时，先要射箭以选定建筑地点。箭到达的地点被选为建筑地。""在此处建筑祭祀祖先的祖庙。'室'原指祖庙的屋室。"白川静先生的观点有一个有力的文献支持，那就是夏代的宗庙称作"世室"。所谓"世室"，意为"世世不毁"的宗庙。

《礼记·曲礼上》载："三十曰壮，有室。"三十岁的男子称"壮"，"有室"即有妻子。《诗经·桃夭》篇中有"之子于归，宜其室家"的诗句，这是形容女子出嫁，来到夫家后，妻子要居住在"室"里，因此嫡妻称"正室"；而后娶的妾则要居住在正室两侧的厢房，故称"偏房"。

更加有趣的是，"室"是人一生所居，引申为人死后的永久居住地也称"室"。《诗经·葛生》是妻子祭奠亡夫的诗篇，在诗篇的最后，妻子吟咏道："百岁之后，归于其室。"表达了死后要和丈夫同穴的愿望。这里的"室"就是指亡夫的墓穴。

① ②

"堂"这个字牵涉我国古代非常有趣的建筑格局。

堂，金文字形 ❶，这个字形出自河北平山中山王陵战国时期的中山王墓宫堂图，是一个会意字，上面是"尚"的省写，下面是"土"。关于"尚"字，左民安先生认为中间是屋墙，下面是屋墙上开的窗户，最上面的两横是烟气上腾的样子，因此"尚"会意为烟气从窗户上升腾而起，引申为"高出"的意思。不过也有学者认为"尚"字像酒器，表示举杯致敬之意，引申为崇尚。还有人认为下面像有窗的房屋，上面像分开之形，意为分成两面的尖斜屋顶，引申为高大。综合各家看法，"堂"的这个字形会意为土台上所建的高大建筑。

堂，金文字形 ❷，这是《说文解字》中收录的籀文写法，很明显也是一个会意字，最下面是一堆土，土堆上面是"尚"的省写，最上面是楼台重叠的形状，会意为建在土地上的很高的房屋。小篆字形 ❸，变成了一个"从土尚声"的形声字。

《说文解字》："堂，殿也。"针对这个解释，段玉裁批评道："许以殿释堂者，以今释古也。古曰堂，汉以后曰殿。古上下皆称堂，汉上下皆称殿，至唐以后，

❸

人臣无有称殿者矣。"意思很明白。简单来说，"堂"要高于一般房屋，"堂
形四方而高"，因此可以引申为盛大或者容貌壮伟的样子，比如堂堂大国、
相貌堂堂、堂皇，等等。

　　古人的每个独立建筑单元（院）内一般分三个部分：堂、室、房。最
前面是堂，主要功能是祭献神灵，祈求丰年，不能住人。

　　在"堂"里举行祭祀活动的时候，要在西南角，这是因为古人的房子
面南背北，阳光从南边的窗户射进来，室内背光处为西南角和东南角。西
南角这个方位最为尊贵，有一个专用的称呼叫"奥"，是黑暗、幽深的意
思，因此有"一窥堂奥"一词。"堂奥"即指堂的深处，也比喻深奥的义
理，深远的意境。

　　"堂"高大轩敞，又是祭祀的重要之地，因此古人就把父母尊称
为"高堂"。"堂"后来引申泛指房屋的正厅。传统上，一家的主妇，
也就是母亲要住在东房的北部，房、室相连而没有北边的墙壁，因此
用"北堂"来指代母亲的住处，后来也用来称呼母亲了。萱草是一种
草本植物，据说可以使人忘忧，游子出门远行的时候，常常要在母亲
居住的北堂的台阶下种上几株萱草，以免母亲惦念游子，同时让母亲
忘记忧愁，因此就将母亲的居处称为"萱堂"。唐代诗人聂夷中有诗：
"萱草生堂阶，游子行天涯。慈亲倚堂门，不见萱草花。""令堂"
更是对对方母亲的尊称。

古人很注重家庭观念，常常是数代人住在一起，在同一个"堂"祭祀，因此叫数世同堂，同一个祖父而不同父亲的兄弟姊妹因此称堂兄弟、堂姊妹。

"堂"原指高大的房子，后来文人书斋也往往以堂为名，取其宽大方正之意。梧竹书堂，顾名思义，是一处用于读书消夏的燕居场所。图中绘一书斋，建于台上，台阶两三级。梧桐摇曳，绿竹生情，轩敞明瑟。堂内素屏一面，屏前置宽大书桌，桌上散放文房书卷。一士人半坐半卧于黑漆交腿躺椅上，衣衫松散，神态逍遥。庭前有青绿山石，一道清溪流过，石边点缀萱草、玉簪之属，处处流露着主人高雅隐逸的情趣。

仇英擅长青绿山水与工笔人物。山水主宗赵伯驹和南宋"院体"，写景明快清朗，既注重真实又带有文人士大夫的理想化。此图绘建筑工致精确而不刻板，设色浓艳鲜丽，又注意色调的统一与柔和，显得艳而不媚。

《梧竹书堂图》（局部）
明代仇英绘，纸本设色，上海博物馆藏

奥

双手捧着新谷供献于祭台

❶

　　成语"举一反三"很有意思。它出自《论语·述而》："子曰：'不愤不启，不悱不发，举一隅不以三隅反，则不复也。'""悱"指想说而不能恰当说出来的样子；"隅"指角落。可见，"举一反三"的"一"和"三"是指房屋的四个角。

　　古代房屋向阳朝南，每个屋子都有四个角，"奥"就是其中一个角的称谓。"奥"是最有趣的汉字之一，甲骨文中迄今还没有发现过。小篆字形 ❶，跟今天使用的字形有着较大的差别。《说文解字》："奥，宛也。室之西南隅。"段玉裁注解说："宛、奥双声。宛者，委曲也。室之西南隅，宛然深藏室之尊处也。"意思是说"宛"和"奥"的声母在当时是相同的，又都表示幽深之意。

　　那么，"奥"的各个组成字符都代表什么意思？为什么用这个字来指代屋子的西南角呢？

　　首先需要说明的是，简化前的繁体字写作"奧"，多了一撇。白川静先生在《常用字解》一书中是这样释义的：上面的屋顶"形示祭祀之场所的屋宇"；屋顶下面的一撇为爪形，"米"字形为掌纹，一撇加"米"字形表示"兽掌之形"；最下面是双手，后来讹变为"大"，表示"左右双手并举之态"。整个字形会意为"双手捧兽掌之肉，供献于室内角落的祭台"。

这一释义不确，错在认为一撇加"米"字形为"兽掌之形"。其实这两个字符并非一撇加"米"，从小篆字形中可以清楚地看到，这只是一个字符，乃是"禾"的形象描绘，甲骨文"禾"字就是这样描画的。"禾"是谷类植物的统称，因此，整个字形应该会意为：双手捧着新谷，供献于室内西南角的祭台。

这一祭祀方式称作"荐新"，"荐"指进献，"新"指时令所收获的谷物。《礼记·王制》中规定："庶人春荐韭，夏荐麦，秋荐黍，冬荐稻。""荐新"或者日常祭祀祖先的位置就在"奥"这个西南角。

室内有四角，各有专名，《尔雅·释宫》载："西南隅谓之奥，西北隅谓之屋漏，东北隅谓之宧，东南隅谓之窔。"

"宧（yí）"是养育之意，按照阴阳五行理论，东北方"阳始起，育养万物"，因此古人进食都在东北角，而厕所则都设在东北角的房屋之外，乃是方便的缘故，如厕称"登东"，厕有台阶，故称"登"，今天人们说"上厕所"就是由此而来。厨房则在东边的厢房或厢房外面的底层，便于倾倒污水，故厨房称"厨下"，今天人们说"下厨""下馆子"就是由此而来。

"窔（yào）"是幽深之意，东南角太阳照射不到，故以为名。

最有趣的就是西北角和西南角。西北角名为"屋漏"，"屋"通"幄"，小帐，"漏"是隐藏的意思，祖先的牌位要放置在西北角，但又不能让外人看到，于是就用一面小帐子遮挡起来，故称"屋漏"。

房屋既朝南，门又开在偏东的位置，因此西南角最为幽暗，日常的祭祀就在这里举行。从西北角"屋漏"把祖先的牌位移到西南角"奥"，祭祀完毕，再恭敬地移回西北角安置起来。因为西南角最为尊贵，因此《礼记·曲礼上》中规定："为人子者，居不主奥。"必须由父母或尊者所居。

所有以"奥"字组成的词汇都由此而来，比如"堂奥"，用室内最幽暗的西南角来比喻含义深奥的意境、事理或学问，比如历代秘书监所掌管的图书称"秘奥"，比如宫廷中机密的地方称"禁奥"，比如国君又称"奥主"，等等。

《论语·八佾》篇中记载了一则对话："王孙贾问曰：'与其媚于奥，宁媚于灶，何谓也？'子曰：'不然！获罪于天，无所祷也。'"卫国大夫王孙贾问道："与其讨好西南角的神主，不如讨好灶神，这是什么意思？"孔子说："不是这样的！如果得罪了上天，无法在任何地方祈祷了！"祭祀时神主设于"奥"，其尊贵远超主管饮食的灶神，因此孔子才反驳王孙贾的说法。

❶　　　　❷

盖新房之前用著草占卜

余其宅兹中国，自兹乂民
——何尊

汉语媒体上宅男、宅女的称谓，是指坐在家里足不出户的青年男女，使用的是"宅"住处、居住场所的义项。但这个汉字刚造出来的时候，却充满了神秘色彩。

宅，甲骨文字形 ❶ 和 ❷，大同小异，上部是屋顶，看得很清楚，下部这个字符到底表示什么呢？或者说，"宅"下部的这个构件"乇"为什么会放在屋顶下面？

于省吾先生在《甲骨文字释林》一书中认为："乇字的造字本义，只有存以待考。"他不认同许慎在《说文解字》中的释义："乇，草叶也。从垂穗，上贯一，下有根。"许慎是根据小篆字形作出的释义："乇（zhé）"的整体被视作草木萌芽钻出地面之形，中间的一横表示地面，下面弯曲的部分表示扎在土壤里的根部。从字形上来看，"乇"确实很像许慎的释义。

那么问题就来了：草木为什么要放在屋顶下面呢？我曾经百思不得其解，而且从造字先民的生活环境出发，将之视为逐水草而居的游牧时期，把帐篷或简易住房搭建在有水草的地方，以之作为临时居所。但这个解释非常牵强。后来读到白川静先生的释义，方才恍然大悟。

在《常用字解》一书中，白川静先生这样解释说：

"形声，声符为'乇'。《说文》云：'乇'形示草之茎叶，先端伸直欲攀援住其他东西。不过，观察'宅''亳''託（托）'等字结构可以发现，含字素'乇'诸字均义示用草叶进行占卜。'託'义示倾听神灵的指示，'宅'当义为建设房屋时听取神意的方法。'宀'形示祭祀祖先之灵的庙宇房顶，义指祖庙。甲骨文中有'三帚（婦）宅新寝（廟）'的占卜记录。这表示于庙中拜求神托，领受神的旨意。因此，'宅'本义当为体现神意之处，神灵之物呈现之处。后来，泛指人的居所，有处在、居住、住所、房屋之义。"

这一释义非常具有启发性。古人最讲究的是"国之大事，在祀与戎"，祭祀在古人日常生活中的重要性超出今人的想象。因此在营建新居之前一定会有祭祀仪式。刘熙在《释名·释宫室》中说："宅，择也，言择吉处而营之也。"这个"择吉处"的过程就是祭祀、占卜的过程。《尚书·召诰》中记周成王准备迁都洛邑，先让太保召公前往"相宅"，"太保朝至于洛，卜宅，厥既得卜，则经营"，召公卜得吉兆之后，方才开始营建。《礼记·表记》中也有这样的规定："卜宅寝室。"这是描述的诸侯受天子之封而建国，迁移到封地去的时候，要占卜住宅和寝室的吉凶。"寝室"指宗庙的后殿，甲骨卜辞中"三帚（婦）宅新寝（廟）"也是指同样的占卜仪式。

"宅"下面的这个草叶形的"乇"，就是占卜之"筮（shì）"。"筮"的竹字头指占卜所用的蓍（shì）草，"巫"指占卜之人。蓍草是菊科蓍属植物，多年生草本，古人传说蓍草能长到一千年，生三百茎，因寿长故能知吉凶，因此就用蓍草的茎来占卜。蓍草和龟甲都是占卜的用具。

一九六三年，陕西宝鸡出土了一尊西周初年的青铜器，是西周宗室中一位叫何的贵族所铸，故称"何尊"。何尊底部有 122 字铭文，描述了周成王营建成周（洛阳）之事，其中载周成王的训诰有"余其宅兹中国，自兹乂（yì）民"的句子，意思是说：我将住在这天下的中心，从此治理民众。这是历史上第一次出现"中国"一词，不过仅指以洛阳为中心的中原地区。显然，这句训诰是周成王迁都洛邑之后所作，"宅"已经引申为居住之意了，这也就是《说文解字》的释义："宅，所托也。"所以寄托、托居之处。

有趣的是，"卜宅"同时也指占卜墓穴。据《礼记·杂记》载："大夫卜宅与葬日。"孔颖达注解说："宅谓葬地。大夫尊，故得卜宅并葬日。"托名孔子所作的《孝经·丧亲》篇中写道："卜其宅兆，而安措之。"唐玄宗注解说："宅，墓穴也；兆，茔域也。葬事大，故卜之。"这是指安葬父母之前，要先占卜墓穴的吉凶。"宅"和"兆"并举，虽然都是指墓穴，但仍然存有占卜吉凶之兆的本义。

❶　　　　　❷　　　　　❸

两扇才能称『门』

秋祭门，门以闭藏自固也　——班固

　　"门"的繁体字是"門"。人们常常说"门户之见"，比喻因派别不同而产生的偏见。那么，"门"和"户"有什么区别呢?

　　门，甲骨文字形❶，这是一个很明显的象形字，就像两扇门的形状，其中的一半就是"户"。《说文解字》："门，闻也。从二户，象形。"段玉裁解释说："闻者，谓外可闻于内，内可闻于外也。"甲骨文字形❷，大同小异，而更加美观。甲骨文字形❸，两扇门之间用一根横木闩了起来。甲骨文字形❹，这个"门"字最为有趣，上面有一根嵌入门枢的横木。这个字形让我们想起《诗经·衡门》中的诗句："衡门之下，可以栖迟。""衡门"即"横门"，颜师古注《汉书》："衡门，谓横一木于门上，贫者之所居也。"贤明之士可以游息于简陋的衡门之内，安居若素。"衡门"因此成为隐士所居之地的代称。

　　门，金文字形❺，两"户"之形栩栩如生。金文字形❻，上面的两短横表示门的上框。小篆字形❼，下面拉长，但还像门的形状。简化字的"门"则完全看不出两"户"的样子了。

　　南朝学者顾野王所著《玉篇》释义："门，人所出入也。在堂房曰户，在区域曰门。"所谓"区域"是指整个住宅所在的范围，所谓"堂房"是指住宅内的房舍，

④　　　　　　⑤　　　　　　⑥　　　　　　⑦

也就是说，整个住宅外面的叫"门"，住宅内房舍的门叫"户"。还有一种说法是："一扇曰户，两扇曰门。"这跟"门"和"户"的字形完全一致。

据《礼记·月令》记载，天子之宫室设九门，郑玄解释说："天子九门者，路门也，应门也，雉门也，库门也，皋门也，城门也，近郊门也，远郊门也，关门也。"这是按照由近及远的顺序排列的。

有趣的是，中国古代的"五祀"制度中还有"祀门"的祭祀仪式。所谓"五祀"，据《礼记·月令》记载，乃是住宅内外的五种神。班固在《白虎通义》中解释说："五祀者，何谓也？谓门、户、井、灶、中霤也。所以祭何？人之所处出入、所饮食，故为神而祭之。"

班固接着解释"五祀"的季节："春即祭户，户者，人所出入，亦春万物始触户而出也；夏祭灶者，火之主人，所以自养也，夏亦火王，长养万物；秋祭门，门以闭藏自固也，秋亦万物成熟，内备自守也；冬祭井，井者，水之生藏任地中，冬亦水王，万物伏藏；六月祭中霤，中霤者，象土在中央也，六月亦土王也。"

"中霤（liù）"即中室，古人认为室中央乃土神所居之地。清代学者夏炘所著《学礼管释》一书中则认为："窗即中霤，古者复穴当中开孔取明，谓中霤，后世以交木为之谓之窗。"

除此之外，"五祀"所用的牺牲还不一样，一种说法是："祭五祀，天子、诸侯以牛，卿、大夫以羊。"一种说法是："户以羊，灶以鸡，中霤以豚，门以犬，井以豕。"

《归去来辞书画卷》（局部）

南宋佚名绘，绢本设色长卷，美国波士顿艺术博物馆藏

陶渊明（约365—427），字元亮，又名潜，世称靖节先生，浔阳柴桑（今江西九江）人。东晋末至南朝刘宋初期伟大的诗人、辞赋家。曾出仕为彭泽县令，因不愿为五斗米折腰，八十多天便弃职而去，从此归隐田园，并赋《归去来兮辞》，以明心志。《归去来辞书画卷》便是据此而绘，卷首是陶渊明像，后一图一文依次描绘了他辞官归隐后的生活情趣与内心感受。

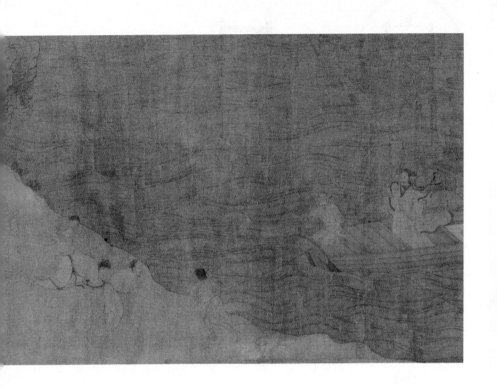

　　这是画卷第一段，描绘了诗人乘船归家的场面。画卷完全依照赋文内容而作："舟遥遥以轻飏，风飘飘而吹衣。问征夫以前路，恨晨光之熹微。乃瞻衡宇，载欣载奔。僮仆欢迎，稚子候门。三径就荒，松菊犹存。"陶渊明在舟上，衣袂飘飘，眼看要到岸，更加归乡情切。岸上是欢天喜地来迎接他的家人僮仆。门口稚子迎候，门内女眷边整理仪容边向外急走。画面充满喜悦，小狗也欢跳不已。回家心切之人望见家门那一刻，的确要"载欣载奔"，何况稚子正候门呢。

❶

❷

『门』的半扇才能称『户』

穿窒熏鼠，塞向墐户

——《诗经》

今天人们的日常俗语中还在使用"门户"一词，但多用作比喻义，比如门户之见、自立门户等。但古人造字，"门"和"户"是有着严格的区别的，而且牵扯到古代房屋的形制，非常有趣。

户，甲骨文字形❶，可以看得很清楚，这是一个象形字，正如《说文解字》的释义："户，护也。半门曰户。"也就是说，"户"指半扇门，那么"门"即指两扇门。这就是"门"和"户"的区别所在。小篆字形❷，跟今天所使用的"户"几乎一模一样。

王筠在《说文解字句读》中更详细地厘清二者的区别："古之房屋皆用户，庙门大门始用门。"古人住宅内部分为堂、室、房，最前面是堂，祭祀祖先、举行各种礼仪活动之处，不住人；堂的后面是室，住人之处；室的东西两侧称"房"，也就是常说的东西厢房。堂建在高出地面的台基之上，堂前有台阶，因此称"登堂"；"登堂"而后才能"入室"，"登堂入室"的成语即由此而来。

室和房都有"户"，也就是半扇门；进入住宅的大门处才叫"门"，也就是合在一起的两扇门。

白川静先生则对"户"有自己独到的见解，在《常用字解》一书中，他写道："象形，单扇门之形。祭神的神龛的门扉之形。双扇门称'門'。'户''門'为区分内外的神圣所在，甲骨文中有祭祀'三户''三門'之例。伸手打开放有'口'（置有向神祷告的祷辞的祝咒之器）的神龛之门扉，谓'啓（启）'。获知神的启示，亦谓'啓'。开始领受神之启示，谓'肇（开始）'。家家各有自家的神圣所在，因此'户'由门扉之义引申出家庭、家户之义。"

　　这一大段解释虽然新颖，但却颠倒了次序，因为就日常生活的常理而言，一定会先把室和房的出口命名为"户"，因为这是最切近自身，与自己的日常生活最为息息相关的什物，然后再引申而用于神龛之类，怎么可能反其道而行之呢？

　　就"室"而言，"户"要建在南面偏东的位置；南面偏西相应的位置则要开一个窗，这个窗称"牖（yǒu）"；北墙上也要开一个窗，称"向"，也可以叫"北牖"。《诗经·国风·七月》中有一句诗"穹窒熏鼠，塞向墐户"，"墐（jìn）"指用泥涂塞。这句诗的意思是：把屋里的洞都堵起来，用烟熏老鼠；把朝北的窗（向）和苇草编的半扇门（户）都用泥涂抹以避风。这是形容穷人准备过冬的悲苦景象。

　　《论语·雍也》篇中说："伯牛有疾，子问之，自牖执其手。"冉耕字伯牛，是孔子的学生。冉耕患病，孔子去看望他，从南牖的窗外握着他的手。古时病人卧床，通常要在北牖之下，死后才迁到南牖之下，即郑玄所说："疾时处北墉下，死而迁之当牖下。""当牖"即南牖。这是为了方便"沐浴而饭含"的缘故。"饭含"是丧礼之一，用珠、玉、贝、米等物纳于死者之口，这就是所谓"饭于牖下"。冉耕既然卧于南牖之下，那么一定是处于垂危状态，马上就要咽气。

"户"还有一个极其奇特的义项，指酒量，称"酒户"，"大户"则指酒量大，"小户"即指酒量小。此为唐人习语，全唐诗中屡见，比如元稹《春游》："酒户年年减，山行渐渐难。"白居易《久不见韩侍郎，戏题四韵以寄之》："户大嫌甜酒，才高笑小诗。"杜荀鹤《雪中别诗友》："酒寒无小户，请满酌行杯。"显然，这一义项乃是从"户"的大小引申而来，就像大户人家、小户人家的称谓一样，从而成为唐人的戏谑用语。

❶　　　　　❷

井

一口水井的样子

秋野田畴盛，朝光市井喧
——王维

　　"井"字几千年来都没有任何变化，甲骨文字形 ❶，这是一个象形字，活脱脱一口水井的样子。金文字形 ❷，从上往下的俯视图。金文字形 ❸，井里面添加了一点，表示井里有水。徐中舒先生认为这一点代表汲水之器，以区别于捕猎所用的陷阱之"阱"。小篆字形 ❹，一脉相承。楷体字形返回到了最初的甲骨文字形。

　　《说文解字》："井，八家一井，象构韩形。罋之象也。古者伯益初作井。""韩"是井上的木栏，"罋（wèng）"是汲水之器。孔颖达解释道："古者穿地取水，以瓶引汲，谓之为井。"

　　许慎所说的"八家一井"，来源于井田制。井田制是西周时期盛行的土地制度，以方圆九百亩为一个单位，划为九区，形状就如同一个"井"字，八家共一"井"，最中间是八十亩公田，八家各一百亩私田，剩下的二十亩，各家占二亩半用来盖房子居住。按照规定，八家要共同供养公田，只有把公田里的活儿先干完了才能干私田里的活儿。有很多带"井"字的成语都跟井田制有关，比如"井井有条""井然有序""背井离乡"等，其中的"井"都是指井田制的"井"，而不是水井。王维有

139

诗："秋野田畴盛，朝光市井喧。"其中"市井"一词，是指人们的交换发生在井田的范畴之内。

这是"市井"称谓的第一种说法，还有一种说法是：传说井是帝舜时期的大臣伯益发明的，"市"是市场。根据各种古籍记载，上古神农氏发明了市场："日中为市，致天下之民，聚天下之货，交易而退，各得其所。"在远古时期，"井"和"市"都是非常重要的发明，有了"井"吃水才会方便，有了"市"才可以交换货物，因此很快地"市"和"井"就成了城市里最重要的标记物。这就产生了"市井"词源的另一种说法："因井为市。"井是人们打水时候的相聚之处，人们利用相聚的机会进行交换，发展为"市"，故称"市井"。

最好玩的说法出自东汉学者应劭的《风俗通》："市井，谓至市者当于井上洗濯其物香洁，及自严饰，乃到市也。"

这几种说法历代都有许多争论，尤其是第二种说法，反对的声音更大。比如根据《国语·齐语》的记载，管仲对"四民"的安排是：士和工、商都住在"国"中，即城市里；农民住在城市外的田野。《仪礼·士相见礼》规定：凡是对国君说话，在城市里有住房的要自称"市井之臣"，住在城市以外的田野的要自称"草茅之臣"。《孟子·万章下》也说："在国曰市井之臣，在野曰草莽之臣，皆谓庶人。"可见，"市井"仅限于城市内部的称谓。《史记·律书》声称汉文帝时天下太平，"自年六七十翁亦未尝至市井"，所指"市井"指的当然就是城市中的市场了。

井田制的"井"划分得非常规整，因此"井"引申为"条理""法度"，荀子说"井井兮其有理也"，就是这个意思。有趣的是，井上的栏杆也叫作"牀"（"床"是"牀"的俗字），《乐府诗集·淮南王》："后园凿井银作牀，金瓶素绠汲寒浆。""素绠（gěng）"是汲水桶上的绳索。

❶

❷

进门时的栅栏

人闲桂花落，夜静春山空

——王维

　　"闲"这个字今天常用作空闲、悠闲、休闲，不过这些可不是它的本义。

　　闲，金文字形❶，这是一个会意字。《说文解字》："闲，阑也，从门中有木。"门中有木就是栅栏，这才是"闲"字的本义。小篆字形❷，与金文很像。栅栏是用来防范陌生人的，因此"闲"引申为防范、戒备的意思。《易经》中说："闲有家。"是指家中预先做好防范措施的意思。由栅栏的意思又引申出马厩之意，《周礼·夏官》："天子十有二闲，马六种。"这是说天子有十二座马厩，有六种马。从马厩又引申出范围、伦理道德的界限之意，《论语·子张》："大德不逾闲，小德出入可也。"意思是说，大节不能越过界限，小节有些出入也可以。

　　"闲"当作空闲解释，跟另外一个字"间"大有关系。不过上古的时候没有"间"字，"间"是后起的字，最初写作"間"，金文字形❸，也是一个会意字，上部是一弯明月，月下是两扇门，会意为从门的缝隙处可以望见月亮。小篆字形❹。《说文解字》："間，隙也，从门从月。"夜里睡觉关上门，但是月光还是可以从门缝里透进来。段玉裁注："门开而月入，门有缝而月光

❸　　　　　　　　❹

可入。"因此"閒"的本义就是空隙，当作这个义项的时候读作四声 jiàn。《史记·管晏列传》："妻从门閒而窥其夫。"这是说妻子从门缝里窥探她的丈夫。

"閒"既为空隙之意，有缝隙就可以使用反间计挑拨离间，因此"閒"可引申出离间、间谍的意思。《孙子兵法》中把间谍分为"五閒"：因閒（敌国的乡民）、内閒（敌国的官员）、反閒（本来是敌国的间谍，为我所用）、死閒（向敌方提供假情况，事发后被敌方处死的人）、生閒（完成任务后活着返回的人）。

后来造出"间"字以后，人们开始把"閒"和"间"加以区别：读作二声 xián 的时候写作"閒"，读作一声 jiān 和四声 jiàn 的时候写作"间"。有意思的是，"閒"字里面的"夜月"变成了"间"字里面的"白日"，这是汉字漫长演变过程中非常有趣的现象。

"閒"和"闲"在古时候是通用的，因为"閒"的本义是空隙，因此引申为有空、空闲的意思。在此意义上的两个字开始成为通假字，比如王维的名句"人闲桂花落"，本来应该写作"人閒桂花落"。"闲"还可以跟"娴"通假，是娴静、娴雅的意思。曹植《美女篇》："美女妖且闲，采桑歧路间。柔条纷冉冉，落叶何翩翩。"这里的"闲"就通"娴"。

经过漫长的字义演变，后来"閒"字慢慢被废弃，它的含义分别被"间"和"闲"所取代，而"闲"也慢慢失去栅栏的本义，变成空闲、悠闲、休闲等的专用字了。

《见立夕颜》双联画之左
铃木春信绘，约 1766 年

"见立"是江户时期日本浮世绘画家广泛采用的一种构图方式，即参照前人画意或图式来进行新的创造，画中人物及构图"戏拟"、模仿前人的经典作品。铃木春信是"见立绘"的代表绘师。这幅"见立绘"作品模仿的是《源氏物语》中"夕颜"一贴的画面。

夕颜是光源氏的情人之一，文中以夕颜花来形容她，因此得名。夕颜恰巧住在源氏乳母家的隔壁，源氏某次经过探望，偶然看见了她。夕颜清秀且天真无邪的样子令他一见钟情，两人遂在夜里时常密会往来。这幅画描绘的似是二人相遇时的情景。铃木春信极擅长画娇弱天真的女子。画中，夕颜持扇，娇怯怯悄立门口。身后简陋的竹编障和栅栏门上盛开着洁白的夕颜花。夕颜花又称葫芦花，色白，黄昏盛开，翌朝凋谢。夕颜花悄然含英，又黯然零落，暗喻突然香消玉殒的薄命女子。夕颜便是这样一个薄命女，她因惊惧骤然殒命时，年仅十九岁。

❶　　　　　　❷

京

高高土堆上的瞭望塔

殷士肤敏，裸将于京　——《诗经》

　　"京"在现代汉语里的义项，就是指京城、京都，除此之外再无他意。那么，"京"为什么会具备这个义项呢？我们从这个字的演变看起吧。

　　京，甲骨文字形❶，这是一个象形字，下面是堆得高高的一个土堆，上面加了一个顶，这个顶可以视作瞭望塔，有人在上面守卫，用以远望敌情。也有学者认为像一个拱形的城门。徐中舒先生则认为"象人为穴居形"，下面是垒起的土堆，中间是阶梯，上面是屋顶，下面的一竖是支撑的立木。甲骨文字形❷，下面土堆的模样更加形象。金文字形❸，顶下面添加了两横，像是窗户。金文字形❹，更像一个高高耸起的瞭望塔。小篆字形❺，下面土堆的样子看不出来了，但顶还在。楷体字形的下面变成了"小"字，跟土堆毫无关系了。

　　《说文解字》："京，人所为绝高丘也。"使用人力建起来的绝高之丘。《尔雅》："绝高为之京，非人为之丘。"这是说不是用人力所建，而是自然所为。《广雅》："四起曰京。"这是说四面耸立起来的土堆叫"京"。综上所述，"京"的本义就是很高的土堆，从绝高引申出"大"的义项。扬雄《方言》："京，大也。燕之北鄙，

❸　　　　　❹　　　　　❺

齐楚之郊，或曰京。"《公羊传》解释"京师"一词为："京师者何？天子之居也。京者何？大也。师者何？众也。天子之居，必以众大之辞言之。"这就是"京师"一词的来历。同样，"京城"一词的本义也就是大城，"京都"也就是大都。天子所居，当然是天下最大之城，因此而把一国的首都称作京师、京城、京都。

《诗经·文王》中有这样的诗句："殷士肤敏，裸将于京。""殷士"指殷商的臣属；"肤敏"的意思是优美敏捷；"裸（guàn）"可不是裸体的"裸"字，古代凡是"示"字旁的字都跟祭祀有关，裸是一种祭礼，以酒灌地请神叫"裸"，举行裸的祭礼叫"裸将"。这句诗的意思是：周代商之后，殷商诸士都很勤勉，在周的京城里协助举行裸将的祭礼。周的京城叫镐京。

"京"还引申为数目字使用。"千"以前的数目字很小，使用起来很方便，但是"千"以后的数目字，古时候怎么表示呢？依次而为万、亿、兆、京、垓。十亿为兆，十兆为京，十京为垓。因此"京垓"一词就指亿万年的悠长岁月。由此我们也可以理解，为什么京师所在地称作"京兆"，"兆"和"京"都是巨大的数字，极其夸张地形容京师地广人多。管辖京兆（京都）地区的行政长官顺理成章地称作"京兆尹"。

古代战争中有一个惯例，战胜者为了炫耀，把敌人的尸体收集起来，筑成一座高高的坟堆，这种坟堆称作"京观"。春秋时期，晋、楚著名的邲（bì）之战中，楚将潘党劝楚王说："君盍筑武军而收晋尸以为京观？"杜预解释道："积尸封土其上，谓之京观。""观（guàn）"的形制和"阙"相同，都是指高台上的瞭望塔。建立一座高高的京观，对敌人士气的羞辱和打击可想而知，对己方士气的激励也可想而知。

把猕猴带进房子里取乐

诸侯不臣寓公

——《礼记》

❶　　　　　　❷

要想弄清楚"寓"这个字的本义，必须先从"禺"字入手，因为"禺"是"寓"这个字最重要的组成字符。

"禺"是一个非常有意思同时也争议颇多的汉字，金文字形❶，这是一个象形字，至于像的是什么东西，需要细细分说。先来看许慎在《说文解字》中的解释："禺，母猴属，头似鬼。"有学者指责许慎将"禺"仅仅解释为母猴是错的，其实这种猴类的"禺"就是猕猴，楚人称作沐猴，"沐猴而冠"这个成语就是讽刺楚人项羽像一只戴帽子的猕猴，看着像人，其实还是一只猴子。许慎所说的"母猴"是沐猴、猕猴的声转。

郭璞说："禺似猕猴而长，赤目长尾。"看来"禺"就是大猕猴。灵长类的动物类人，比如狒狒、猩猩和猴子，因此在"禺"字的金文字形❶中，上半部就用鬼头来代表，甲骨文的"鬼"字，下面是一个朝左边跪着的人，头上顶着一个大大的怪异的脑袋。在古人的想象中，原始的鬼不过就是一个大头人，头大如斗，以至于压得人站不起身。《说文解字》："人所归为鬼。"即使是类人的动物，也不能用人的头部来代表，因此就用似人的鬼头来代表。

❸

❹

　　这颗鬼头还拖着一条长长的尾巴，这条尾巴也是区别于人的重要特征。这个字形的下半部分，有人说是手叉住蛇，泛指动物。此说不确。应该是一种称作"三隅矛"的矛，尖端带有三个矛尖。捕捉"禺"的时候，借助三隅矛才能捉住，因此"禺"的金文字形就是一只被三隅矛捉住的大猕猴的样子。

　　寓，金文字形❷，这只"禺"被带到了屋子里面，显然是用来取悦主人。"寓"的造字思维跟"偶"一样，"偶"是模仿"禺"的样子造成的木偶，用来取乐。如此一来，"寓"就是一个会意字，会意为使用猕猴等动物来取乐的场所，"禺"同时兼作声符。许慎在《说文解字》中将"寓"解释为"寄也"，这是引申义，由"禺"在屋子里短暂地供人取乐引申出寄居、寄住、寄托之意，比如"寓言"就是用假托的故事来说明自己的观点。"寓"还有一个义项"观看"，正是由其本义而来，比如"寓赏"即为观赏，"寓视"即为注视，想想人们在屋子里面注视、观赏猕猴的各种作态，多么形象！

　　山西侯马晋国遗址出土的"侯马盟书"，"寓"字在春秋晚期侯马盟书的字形为❸，上面是"宀"，下面的"禺"更突出了三隅矛的样子。小篆字形❹。

　　大概很多人都以为"寓公"乃是近代名词，其实不然，这个称谓早在先秦时期就已经出现了。《礼记·郊特牲》中载："诸侯不臣寓公，故古者寓公不继世。"郑玄解释说："寓，寄也。寄公之子，非贤者，世不足尊也。"孔颖达进一步解释说："寄公者何也？失地之君也。或天子削地，或被诸侯所逐，皆为失地也。诸侯不臣者，不敢以寄公为臣也。"因此"寓公"是指失地后寄居他国的贵族，引申为凡是流亡寄居他国的官僚和士绅都称为"寓公"。所以，可不能将只要住在公寓里的人都叫作"寓公"啊！

仓

有锁有小门的谷仓

发仓廪，赐贫穷

——《礼记》

❶

据《礼记·月令》载，季春之月，也就是春季的最后一个月，"天子布德行惠，命有司发仓廪，赐贫穷，振乏绝"。孔颖达引用蔡邕的解释说："谷藏曰仓，米藏曰廪。"收藏谷物的称"仓"，收藏米的称"廪"。管子有名言"仓廪实则知礼节，衣食足则知荣辱"，可见仓廪在古人日常生活中的重要地位。

仓，繁体字"倉"，甲骨文字形❶，这是一个象形字，上面是谷仓的房顶，中间是进出的门，下面的口形，有人认为即是谷仓的主体部分。

针对这个字形，白川静先生说："上有挡雨的仓顶，下有避免接触地面的支脚，中间部分放置装袋的谷物。这属于高床式的谷仓。"左民安先生则说："其上是仓的屋顶，中心是粮仓的一扇门，下部是仓的基石，这种一扇门的仓在山东胶东一带是常见到的。"

以上各种释义略有差异。不过我更认同张舜徽先生的解释。他根据湖湘之间木造的藏谷之仓的形制，认为上面像顶盖，顶盖下面的一横"则扃鐍处也"，"扃鐍（jiōng jué）"即门闩锁钥，"中像木板叠置可开闭者"，下面的口形，"像小木门可出谷者"，并认为"盖

❷

❸

❹

古之遗制也"。就"仓"的象形而言，这是更细致的解说，非常有说服力。

仓，金文字形❷和❸，中间部分略有变形，不大看得出仓门的形状了。小篆字形❹，仓门部分，左笔下伸，右笔上缩，仓门的形状尽失。楷书字形则完全失去了造字的本义。

《说文解字》："仓，谷藏也。仓黄取而藏之，故谓之仓。"何谓"仓黄"？南唐学者徐锴说："谷熟，色苍黄也。"中国民间有"抢收""抢秋"的俗语，庄稼色呈苍黄，成熟之时要抢时间突击收割，然后收到谷仓里去。仓黄、苍黄、仓皇、仓惶等词之所以有匆忙急迫之意，即由此而来；强夺财物之所以叫"抢"，也是由抢收入仓引申而来。

季秋之月是秋季的最后一个月，据《礼记·月令》载，这个月要"会天地之藏"，将五谷收入仓中，开始准备过冬了。"乃命冢宰，农事备收，举五谷之要，藏帝藉之收于神仓，祇敬必饬。"冢宰乃六卿之首；帝藉指天子借民力耕作的农田，常有千亩之数。每年春天，天子为争取收获以祭祀祖先，会选择吉日举行象征性的仪式，亲自操作农具耕地，以劝导百姓耕作；祇（zhī）敬必饬（chì），恭敬又恭敬。神仓，郑玄解释说："藏祭祀之谷为神仓。"这段话的意思是：在季秋之月，冢宰负责结束农事，将天子亲耕之田里的五谷收藏到神仓里去，以便用来恭敬地祭祀神灵。

即便是各种仓库，古人分类之细也令今人叹为观止。圆形的谷仓叫"囷（qūn）"，方形的谷仓才叫"仓"。储藏兵器和兵车的叫"库"，所谓"刀枪入库"，乃武功；收藏文书的叫"府"，所谓"胸有城府"，属文事。古时每逢饥荒或战乱，饥民们甚至挖掘鼠穴取粮，称之为"劫鼠仓"，因此从隋代开始，州县平时都要储存专用的粮食，以备荒年，这样的粮仓称作"义仓"，救济了无数的百姓，确实不负"义"的美名。

南宋绍兴年间，於潜县令楼璹（shú）深感农夫、蚕妇之辛苦，绘制《耕织图》二卷（《耕作图》一卷，《蚕织图》一卷）呈献给宋高宗，深得高宗赞赏，并宣示后宫，一时朝野传诵。之后历朝历代接连不断地出现了许多《耕织图》，历经近千年流传到世界各地，形成了中国绘画史、科技史、农业史、艺术史中一个独特的现象。

《耕织图》诗画相配，系统描绘了粮食生产从浸种到入仓、蚕桑生产从浴蚕到剪帛的具体过程，细致入微又富于艺术感染力，充满田园气息，被誉为有韵之农书。这幅是《耕作图》中的"入仓"，诗曰："天寒牛在牢，岁暮粟入庾。田父有馀乐，炙背卧檐庑。却愁催赋租，胥吏来旁午。输官王事了，索饭儿叫怒。"画面上一个持棒而立的胥吏正在指挥监督农人将粮食纳入谷仓。仓门封以板条，板条上标有数字序号。显然这是一个丰年，仓廪充实，稻米流脂，而农夫的丰收之乐却被胥吏催租的恐惧冲淡。

《摹楼璹〈耕作图〉》之『入仓』

（传）元代程棨绘，纸本设色，美国弗利尔美术馆藏

155

向

❶　　　　❷

开在北墙上的窗户

男生内向，有留家之义；女生外向，有从夫之义

——《白虎通义》

　　"向"这个字，今天只当作方向讲，它为什么会具备这个义项呢？我们来看看字义演变的有趣过程。

　　向，甲骨文字形❶，这是一个象形字，上面是屋顶和两边的墙壁，下面的口形代表窗户，整个字形会意为在房屋的墙上所开的窗户。甲骨文字形❷，房屋的尖顶和两侧墙壁的样子更加栩栩如生。金文字形❸，更美观。金文字形❹，里面的口形更像窗户的形状。小篆字形❺，这个字形从古至今都没有任何变化。

　　《说文解字》："向，北出牖也。"什么叫"北出牖"？《说文解字》："牖，穿壁以木为交窗也。"段玉裁解释说："交窗者，以木横直为之，即今之窗也。在墙曰牖，在屋曰窗。"这是说："牖（yǒu）"是开在墙上的窗，"窗"是开在屋顶的天窗。段玉裁又说："古者室必有户有牖，牖东户西，皆南向。"古时房屋坐北朝南，门在西，牖在东，当然也都朝南，便于阳光照射进来。所谓"北出牖"，即在房屋的北墙上所开的窗。

　　清代学者朱骏声说："古宫室北墉无户牖，民间或有之，命之曰向。"北墉即北墙，北边不进阳光，因而不设门窗。张舜徽先生则解释得更清楚："古者民居及

③　　　　　④　　　　　⑤

宫室皆南向，故户牖悉南。其有北出者，别造向字以名之。至冬，则寒窒以避北风。"《诗经·七月》篇中有"穹窒熏鼠，塞向墐户"的诗句，这是形容冬天要来了，赶紧把墙洞给全部堵上，以便熏老鼠。"墐（jìn）"，用泥土涂塞。把北窗塞好，把门的缝隙用泥涂上，准备过冬了。

白川静先生则认为"向"字下面的口形是"置有向神祷告的祷辞的祝咒之器"，"中国北方的黄土地带有很多半地下式的住居，住室只有一个窗户。经窗户射入室内的光线被看作是神灵的来访"，因此将此祝咒之器供奉在窗下以祭神，那么"向"字"原指迎神祭神之窗"。此说虽新鲜，但是"经窗户射入室内的光线"一定是指南窗，而南窗已有了专用名"牖"，因此"向"不可能指南窗。

"向"这个字身上又出现了汉语中一个有趣的现象：反义同字或反义同词。即一个字或一个词，既可表示正面意义又可表示反面意义。"向"由北窗的本义引申为朝向，而朝向既可朝前也可朝后，因此"向"既可表示将来也可表示过去，既可表示面对也可表示刚刚过去的刚才。

"向"字最有趣的用法体现在内向、外向这两个词中。今天形容人感情不外露叫"内向"，感情外露则叫"外向"，可是在古代却完全不是这个意思。班固在《白虎通义》一书中写道："以男生内向，有留家之义；女生外向，有从夫之义。"这是说男人心向着家，故称"内向"；女人则要出嫁从夫，故称"外向"。这也就是古时将女人出嫁称作"归"的原因所在。

❶ ❷ ❸

宫殿中供出入的廊庑

元首明哉，股肱良哉 ——《尚书》

"良"这个字，今天使用最多的义项是善良、良好，但是我们看这个字的字形，很难把它跟善良的意思联系起来。即使回到汉字定型的小篆字形❸，也看不出它跟善良有什么关系。许慎认为这个小篆字形"从畗省，亡声"，畗（fú）是满的意思。许慎认为"良"字小篆字形的上部是"畗"的省写，实属望文生义。实际上，"良"这个字非常有趣，与古代宫殿的建筑样式密切相关。

良，甲骨文字形❶，这是一个象形字，徐中舒先生认为"像穴居之两侧有孔或台阶上出之形，当为廊之本字"。中间的方块"表穴居"，上下的曲线"为侧出的孔道"。他接着解释："廊为堂下周屋，今称堂边屋檐下四周为走廊，其地位恰与穴居侧出之孔道（严廊）相当。良为穴居四周之严廊，也是穴居最高处，故从良之字，有明朗高爽之义。"

这段话中的"严廊"又称"岩廊"，是指高耸的廊庑。廊庑是堂前的廊屋，即所谓"堂下周屋"，走廊都有顶，故称"屋"。徐中舒先生认为中间的方块"表穴居"，但是"上古穴居而野处"，穴居之处只需有一条通道即可，为何非得建两条通道呢？此外，很难想象普通人家能够

❹

❺

❻

建得起"严廊",而且"严廊"既然高耸,同样很难想象可以建在穴居之处。

综上所述,我认为这种释义不准确。

二〇〇一年夏,殷墟所在的河南省安阳市洹北商城遗址内发现了一座迄今为止最大规模的商代宫殿遗址,定名为"一号基址"。据考古报告透露,正殿南部为门塾(门两侧的堂)和廊庑,门塾居中,两侧是廊庑,通向正殿前的庭院。此外正殿的西部还有一段二十多米的双面廊,以一条通向后部的通道与正殿隔开。这座宫殿的建筑样式几乎就是"良"字甲骨文字形的形象写照:中间是宫殿,上下的曲线是宫殿前后供出入的廊庑。

良,甲骨文字形❷,上下的廊庑非常符合"严廊"的特征:高耸,有屋顶。金文字形❸,大同小异。金文字形❹,突出弯曲的廊庑之形,下部的廊庑还有台阶。金文字形❺,上下的廊庑都有台阶。

徐灏认为"良"是食器的形状,"其本义盖亦谓烹饪之善,引申而为凡善之称也"。这种解释乃是根据金文字形❺而来,却无法用来解释甲骨文和其他金文字形。高鸿缙先生在《中国字例》中说:"像风箱留实之器。谷之轻恶者,随风吹去,其重而良好者,坠入此器。折转而存留,故托以寄良好之意。"从字形上来看,这个风箱的构造未免太过复杂。

《说文解字》:"良,善也。"这是引申义,"良"是"廊"的本字,本义即为宫殿中供出入的廊庑。那么"良"为什么能够引申为善良之意呢?这是一个有趣的演变过程。

《仪礼》在记载士以上阶层婚礼的《士昏礼》中有这样的礼仪："御衽于奥，媵衽良席在东，皆有枕，北止。""御"是夫家的女仆，"衽"是卧席，"奥"是西南角，"媵（yìng）"是女方陪嫁过来的女人，"止"通"趾"。这段话的意思是：夫家的女仆在西南角为新娘铺设卧席，女方的陪嫁女在东边为新郎铺设卧席，卧席都有枕头，脚朝北睡。其中的"良"字，郑玄解释说："妇人称夫曰良。"我们看"良"字的字形，居住在宫殿中的主人一定是男人，因此而引申称丈夫；在男尊女卑的社会，对女人来说，丈夫当然是良善之人，因此又引申为良善。

　　《尚书·益稷》中，帝舜的大臣皋陶作歌，其中有"元首明哉，股肱良哉"的句子，意思是：君主开明，臣子贤良。元首是头，代指君主；股肱是大腿和胳膊，代指辅佐君主的臣子。我们看"良"字的字形，居中的宫殿就像君主，两侧的廊庑就像臣子，"良"由此引申为贤良，多么形象啊！

商人用桑树搭建而成的祭社

宋，大辰之虚也 ——《左传》

宋姓是中国姓氏中的大姓之一。据《史记·宋微子世家》记载，周武王灭商后，封殷纣王的儿子武庚管辖商朝旧都，周武王死后，武庚起兵反叛，被周公诛杀，另封殷纣王的同母庶兄微子启于商丘，国号宋，后被齐国所灭，子孙以国为氏，这就是宋姓的来源。

但是，《史记》称微子启"国于宋"，可见在微子启的宋国之前，商丘此地早已名为"宋"，微子启只不过以地名为国名而已。而且，古人起名的禁忌之一是"名子者不以国"，不能用国名为子孙起名，可是鲁定公却名"宋"，由此也可知"宋"最初并非国名。那么，商丘为什么叫"宋"呢？

宋，甲骨文字形❶，这是一个会意字，上面是屋顶，下面是一棵"木"。这么简简单单的一个字形，到底会意的是什么呢？徐铉解释说："木者所以成室以居人也。"这一解释遂成为历代关于"宋"字的主流释义。甲骨文字形❷和❸，大同小异。金文字形❹，紧承甲骨文字形而来。小篆字形❺，可以看出，直到今天，"宋"字几千年来都没有任何变化。

《说文解字》："宋，居也。"徐中舒先生在《甲

❹

骨文字典》中解释说："像以木为梁柱而成地上居宅之形。""宋"如果真是"居宅之形"，那么到处都有居宅，为什么偏偏把商丘名为"宋"呢？这种主流释义并没有给出"宋"和商丘之间的逻辑关系。

谜底要从《左传·昭公十七年》中的一句话揭开："宋，大辰之虚也。""虚"通"墟"，处所；"大辰"即二十八宿中的心宿，古称大火星。据《左传·昭公元年》载：高辛氏二子不和，遂"迁阏伯于商丘，主辰，商人是因，故辰为商星"。商人部落是负责祭天和祭祀大火星的部族，故称商丘为"大辰之虚也"。而商丘称"宋"，则要从商人部落的祭社说起。

商人的祭社称作"桑林"。《吕氏春秋·顺民》篇记载，商初大旱，商朝的创建者成汤"乃以身祷于桑林"，可见"桑林"是商人专用于祭祀之地。《帝王世纪》则记载得更加详细："遂斋戒剪发断爪，以己为牲，祷于桑林之社。"成汤把自己当作祭祀的牺牲，在桑林之社祈祷。"社"是祭祀土地之神的场所。古代中国桑树众多，很显然，商人的祭社是用桑树搭建而成的，故称"桑林"。商丘之所以称"宋"，正是由为祭天和祭祀大火星搭建的祭社而来，这种祭社用桑树搭建而成，"宋"的字形中，上面是祭社的屋顶，下面的那个"木"就是指桑树。"宋"字恰是商人用桑树搭建而成的祭社的真实写照。

《墨子·明鬼下》："燕之有祖，当齐之社稷，宋之有桑林，楚之有云梦也。"燕国的"祖"、齐国的"社稷"、宋国的"桑林"和楚国的"云

梦"都是祭祀之地。《左传·襄公十年》："宋公享晋侯于楚丘,请以桑林。"此处的"桑林"乃是"殷天子之乐名",商人在桑林举行祭祀时所用的乐舞。宋国以"宋"为国号,正是继承了殷商的祭祀传统,这就是《吕氏春秋·慎大》篇中所说"立成汤之后于宋,以奉桑林"的本意。

安徽省寿县出土的宋景公所造的戈上有铭文"宋",铭文字形 ❺,这一字形更是宋国祭社的传神写照:下面是一棵桑树,上面祭社的屋顶装饰得极其华丽。如果"宋"字仅仅是普通的"居宅之形",用不着如此装饰,也不可能全都如此装饰,因此这个字形乃是宋国对于"桑林之社"的完美复原。

"宋"字的造字密码就此揭开,而宋姓这支中华大姓,蕴藏着多少殷商的故国记忆啊!

《彩绘帝鉴图说》（Recueil Historique des Principaux Traits de la Vie des Empereurs Chinois）之『桑林祷雨』

约 18 世纪· 法国国家图书馆藏

　　《帝鉴图说》原为手抄手绘的一本书，原书已佚，目前流传的都是后来刊印，版本甚多。此彩绘版《帝鉴图说》大致绘制于清早期，含彩绘故事画 95 帧，按照西方图书装订方法粘合成册，故事画排列顺序和其他版本《帝鉴图说》有很大的差别。

　　"桑林祷雨"的故事讲的是成汤之时，岁久不雨，天下大旱。灵台官太史占侯，说："这旱灾，须是杀个人祈祷，乃得雨。"成汤说："我所以求雨者，正是要救济生人，又岂忍杀人以为祷乎？若必用人祷，宁可我自当之。"遂斋戒身心，剪断爪发，素车白马，减损服御，身披白茅草，就如祭祀的牺牲模样，乃出祷于桑林之野。成汤以六事自责曰："政不节欤？民失职欤？宫室崇欤？女谒盛欤？包苴行欤？谗夫昌欤？"言未已，大雨方数千里。画面与记载丝丝入扣。

❶　　　　　　　　❷

梦

躺在床上抚着额头在做梦

昔者庄周梦为胡蝶，栩栩然胡蝶也

——《庄子》

《庄子·齐物论》："昔者庄周梦为胡蝶，栩栩然胡蝶也。""梦"这个字很早就被造出来了，而且在甲骨文中出现的频率极高，殷商的王和王子们频频将做过的梦以及占梦的结果刻在龟甲上传之后世。

梦，甲骨文字形❶，这是一个会意字，会意为人躺在床上睡觉，眼皮在不停地跳动。甲骨文字形❷，右边是一张床，左下是一个人，伸出手去，抚着额头在做梦，长长的眉毛非常突出。也有学者认为左上表示眼睛里面有眵目糊，用来会意做梦。甲骨文字形❸，大同小异。李孝定先生则认为"梦"的甲骨文字形像一个人躺卧而手舞足蹈的梦魇之状。小篆字形❹，完全脱离了甲骨文的造字思维，上面的"目"里边的瞳仁是斜着的，表示迷迷糊糊，中间是屋子，下面是一个"夕"，表示是夜晚做梦。小篆字形❺，又添加了屋顶，表示在屋子里面做梦。简化后的字体，除了下面的"夕"之外，完全看不出造字的原意了。

《说文解字》："梦，不明也。"做梦时脑子不清楚。《正字通》："梦，寐中所见事与形也。"古人对梦中所见的这些事与形非常重视，《汉书·艺文志》评论各种占卜之事时说："杂占者，纪百事之象，候善恶之征。《易》曰：'占事知来。'众占非一，而梦为大，故周

❸

❹

❺

有其官。"各种占卜之事中，占梦是最重要的，因此周代专门设置了"占梦"这一官职："占梦，中士二人，史二人，徒四人。"一共八人，他们的具体职责是："占梦掌其岁时，观天地之会，辨阴阳之气。以日、月、星、辰占六梦之吉凶。一曰正梦，二曰恶梦，三曰思梦，四曰寤梦，五曰喜梦，六曰惧梦。"周代总结的这六种梦，其实早在殷商就已将梦分为吉梦和凶梦两种。正梦是无所思虑，平安自梦；恶梦是惊愕而梦；思梦是醒着的时候有所思念而梦；寤梦是醒着的时候有所见而成之梦，跟无所见而全凭想象的梦有别；喜梦是喜悦而梦；惧梦是恐惧而梦。

周代还有三梦之法，是由大卜这一官职负责的："掌三梦之法，一曰致梦，二曰觭梦，三曰咸陟。"三梦之法说法不一，大致而言，致梦是指人的精神往来常与阴阳流通，祸福吉凶通于天地，因此有所使而来，不是从自身生发的就叫作致梦；觭（jī）通奇，怪异之梦；咸的意思是都，陟（zhì）的意思是升高，咸陟意为无心所感，精神自然而然地升降所做的梦。不过周代这种占梦的"三梦之法"至迟到南宋已经成为绝学，没有人会使用了。

东汉学者王符在《潜夫论》中专门辟有一章《梦列》，是古代保存较为完好的梦书，其中更是将梦分为十种：直梦、象梦、精梦、想梦、人梦、感梦、时梦、反梦、病梦、情梦。并提出具体的方法："占梦必谨其变故，审其征候，内考情意，外考王相，则吉凶之符，善恶之效，庶可见也。"可惜占梦这一绝学早已失传，现如今所谓的占梦者无非假借古人的唾馀沽名钓誉，敛财罢了。

《后赤壁赋》（局部）
北宋乔仲常绘，纸本墨笔长卷，美国纳尔逊—阿特金斯艺术博物馆藏

　　乔仲常，生卒年不详，北宋河中（今山西永济）人。工杂画，尤擅人物道释故事画，师法李公麟。《后赤壁赋》是北宋大文豪苏轼被贬黄州，夜游赤壁后写的散文名篇。后人据此创作了很多版画卷。乔仲常所绘是传世时代最早的《赤壁赋图》。画卷依原文顺序次第展开，每段描绘赋文中一个情节，全图首尾相连，并无间隔，同一人物在图中反复出现，是所谓"异时同图"画法。全卷纯用白描，不事渲染，用笔苍率简逸，画风清空洒脱。

　　这一段描绘的是最后一节，客人已去，主人就寝，梦见二道士，羽衣蹁跹，过临皋之下，与主人晤谈。主人忽悟道士为夜游时所遇之鹤，惊觉，开户视之，已不见其处。画中屋内横一床，有人安睡，床前三人对坐清谈，是将梦境与现实绘于一处。这个梦如此空灵清逸，丝毫不逊于庄周之梦蝴蝶。

宣

装饰有水纹和云纹的宫殿

❶

❷

"宣"这个字，今天只当作宣传、宣扬讲，是一个动词，但是在古代，"宣"最初却是一个名词，而且是殷天子宫殿的专用名。

宣，甲骨文字形❶，这是一个会意字，上面的屋顶之形看得很清楚，下面的回环形代表什么呢？我们先往下看。甲骨文字形❷，下面同样是回环之形。金文字形❸，屋顶下面的回环之形变成了两个，而且连在一起，上面还添加了一短横。金文字形❹，一短横移到了最下面。小篆字形❺，中间变成了一个回环形，上下则各添加了一横。

《说文解字》："宣，天子宣室也。"这就是"宣"的本义。高鸿缙先生在《中国字例》中根据金文字形认为"宣"字下面的回环之形"从云气在天下舒卷自如之象"，因此"乃通光透气之室也"。徐铉则说："从回，风回转，所以宣阴阳也。"但是仔细观察甲骨文字形，下面并不是"回"，而更像河水的旋涡之形。房屋里面怎么可能有旋涡呢？原来，"宣"字字形中的回环之形是装饰在宫殿里的水纹，金文则又添加了云纹。白川静先生则认为这个回环之形像半圆形的物体，宣室因而是半圆形的宫室，此说于文献无证。

❸ ❹ ❺

《淮南子·本经训》载："武王甲卒三千，破纣牧野，杀之于宣室。"高诱注解说："宣室，殷宫名。"原为殷代天子宫殿的专用名称，因此武王才会在殷纣王的宣室里杀了他。

张舜徽先生则说："古者民居甚狭而小，惟天子之宫为宽而大，故其室谓之宣室；亦犹古者民居甚卑而暗，惟天子之堂为高而朗，故其堂谓之明堂耳。"训宣室为大室，乃引申义。大室又称"太室"，《尚书·洛诰》描写周成王"王入太室，裸"，"裸（guàn）"是以酒灌地请神的祭礼。太室，孔安国解释为"清庙"，孔颖达则进一步解释说："太室，室之大者，故为清庙。庙有五室，中央曰太室。王肃云：'太室，清庙中央之室。'清庙，神之所在，故王入太室裸献鬯酒以告神也。"所谓清庙就是太庙，帝王的宗庙。正如张舜徽先生所说，帝王所居的宣室一定"宽而大"，因此也称作大室或太室。甲骨卜辞中有"卜于南宣"之句，可见宣室和太庙的联系；而且既有"南宣"则必有其他方向的宣室，宣室并非一处。

清道光年间出土于陕西宝鸡的虢季子白盘，有铭文一百一十一个字，记载了周宣王宴请征战而归的虢季子的情形。虢季子"献馘于王"，"馘（guó）"是战争中割下的敌人的左耳，用以计数报功；周宣王则"王各周庙宣榭，爰飨"，周宣王到周人宗庙的宣榭里去，在那里宴请虢季子。这个"宣榭"即是建在台上的高大的厅堂，乃讲武之处，"宣"因此引申为"宣扬威武"，今天使用的"宣"的义项即由此而来。

❶　　　　　❷

于
以
采
蘩
，
于
涧
之
中
。
于
以
用
之
，
公
侯
之
宫

——
《
诗
经
》

宫

带通气窗孔的房屋

　　《尔雅·释宫》："宫谓之室，室谓之宫。"邢昺解释说："古者贵贱所居皆得称宫……至秦汉以来，乃定为至尊所居之称。"即《易经·系辞下》所说："上古穴居而野处，后世圣人易之以宫室，上栋下宇，以待风雨"。秦汉之后，只有皇帝的居处才可称"宫"。

　　宫，甲骨文字形 ❶，这是一个象形字。徐中舒先生总结了前人的观点，认为上面"像房屋透视轮廓"，下面的两个口形"像屋顶斜面所开之通气窗孔"，然后根据考古资料进一步阐释道："据半坡圆形房屋遗址复原，其房屋乃在圆形基础上建立围墙，墙之上部覆以圆锥形屋顶，又于围墙中部开门，门与屋顶斜面之通气窗孔呈吕形。此种形制房屋，屋顶似穹窿，墙壁又似环形围绕，故名为宫。"不过，罗振玉先生认为"像有数室之状"，这是把该字形下面的口形看成一个一个房间的象形了。

　　宫，甲骨文字形 ❷，两个口形上下相叠。甲骨文字形 ❸，这是徐中舒先生的观点最有说服力的例证。与尚、堂、向等一系列汉字的构造相似，该字形中两个形状迥异的口形，上面的口形即窗户或通气窗孔之形。金文字形 ❹，更加整齐美观。小篆字形 ❺，为求匀整起见，两

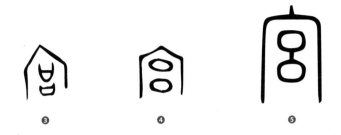

③　　　　④　　　　⑤

个口形中间添加了相连的一竖。

　　《说文解字》："宫，室也。"段玉裁解释说，如果宫、室对举，那么"宫言其外之围绕，室言其内"，因此"宫"又引申为环绕；环绕则必有中心，因此"宫"再引申为中央。中国古代的五声音阶宫、商、角、徵、羽，之所以以"宫"命名，《史记·乐书》称"宫为君"，张守节解释说："宫属土，居中央，总四方，君之象也。"《汉书·律历志》也说："宫，中也，居中央，畅四方，唱始施生，为四声纲也。"所谓天子的"六宫"，也是因为皇后和后妃们居于宫中的隐蔽之地，故有此称。

　　白川静先生则认为："'宫'本指祭灵之庙，即所谓的'宫庙'。"宗庙是统治阶层祭祀的中心所在，因此也称"宫"。《诗经·采蘩》是一首女子采摘祭祀所用的白蒿的诗篇，其中吟咏道："于以采蘩，于涧之中。于以用之，公侯之宫。"这是一问一答的口吻：到哪里去采白蒿？到山涧里去采。采来白蒿做什么用？公侯宗庙里祭祀要用。这个"宫"即指宗庙。

　　很多人不明白古代五刑之一的宫刑为何以"宫"为名。在为《尚书·吕刑》所作的传中，孔安国解释说："宫，淫刑也。男子割势，妇人幽闭。"可见宫刑原为处罚男女通奸之刑。男子割势，即阉割；妇人幽闭，捶击使妇人阴门掩闭（一说幽禁于宫中）。

　　至于为何以"宫"为名，可能即跟"宫"的宗庙之义相关。据《礼记·文王世子》载："公族无宫刑，不翦其类也。"国君的同族和诸侯即使犯了宫刑之罪也不以宫刑治罪，这是为了不使他们的后代灭绝。后代没有灭绝，则宗庙之祭可以千秋万代地承续下去；非公族阶层施行宫刑之后，后代灭绝，那么也就没有宗庙之祭了。故将此刑称作"宫"，灭绝宗庙之意，引申之而妇人的幽闭之刑也称宫刑。

王振鹏，生卒年不详，字朋梅，浙江温州人。元代著名画家，擅长人物画和宫廷界画，被元仁宗赐号为"孤云处士"，官至漕运千户。《养正图》又称《圣功图》，是带有启蒙教育性质的作品，内容皆为历代贤明君主的故事。这套《养正图》虽是王振鹏款，却是明清人所绘。

"散遣宫人"一则画的是宋太祖的故事："开宝五年春，大雨，河决。帝谓宰相曰：'霖雨不止，朕日夜焦劳，恐掖庭幽闭者众。'昨令编籍，后宫凡三百八十余人。因谕愿归其家者具以情告，得百名悉厚赐遣之。普等皆称万岁。"古人相信天人感应，宋太祖认为大雨不止与宫中怨女太多有关。昔日唐太宗放宫女三千人，传为美谈，而宋太祖检点后宫，"仅"得三百多人，比唐太宗"俭朴"多了。

尚

有窗有斜屋顶的房屋

汉家列侯尚公主 ——

《汉书》

❶　　　　❷

"尚"这个字是怎么造出来的，学者们众说纷纭，各种观点的交锋非常有趣。

先来看"尚"的小篆字形 ❹，《说文解字》："尚，曾也，庶几也。从八向声。"许慎认为这是一个从八向声的形声字，"曾"即"增"的古字，因此释义为增加。但是"尚"为什么有增加之意呢？许慎语焉不详。

返回头来看"尚"的金文字形 ❶ 和 ❷，这是两个大同小异的字形。林义光在《文源》一书中认为："当为赏之古文，以物分人也……凡赠赏者，以自有之物增加与他人所有之物，故曾、尚皆可训为加。"他的意思是说：上面的字符并不是"八"，而是分开的"人"字；中间的字符是"宀"，表示住宅；下面的"口"也是表示人。整个字形会意为：在住宅里面把自有之物分给他人，因此是"赏"的古字。

左民安先生在《细说汉字》一书中认为："下部像一建筑物，壁有窗户，上有两横，为烟气上腾状……本义为烟气自窗户上腾。由此可以引申为'超过'或'高出'。"

谷衍奎先生所著《汉字源流字典》认为这个字形像

❸

❹

酒器形，因此"尚"的本义是举杯致敬，引申为尊崇、崇尚。

白川静先生在《常用字解》一书中的观点最为有趣："会意，'向'与'八'组合之形。'向'义示在光亮射进的窗口供起'口'（置有祷辞的祝咒之器）祀神。于是，神的反应模糊微弱地呈现出来，此谓'尚'。'八'表示呈现出了神灵反应的迹象。向神祈拜，神的反应浮现，神附体于人的状态谓'惝恍（恍）'。由惝恍之义引申，'尚'有了尊贵、高尚之义。"

还有的学者认为上面的"八"表示分开，中间的"冖"表示覆盖的布，下面的"口"是装饰部件，整个字形会意为"掀开蒙盖物"，因此是"敞"的古字。

以上释义都过于迂曲。其实，这个字形下面的字符确为"向"，徐中舒先生在《甲骨文字典》中如此解释"向"字："从宀从口，口像壁上户牖之形。"也就是说，"向"字的上部表示屋顶，两边表示墙壁，"口"表示在房屋的墙上所开的窗户，因此《说文解字》释义为："向，北出牖也。"即在房屋的北墙上所开的窗。

这才是"向"的本义；而上面类似"八"的字符也确为分开之意，但分开的既不是人，也不是烟气或幕布，更不是"神灵反应的迹象"，而是表示两面坡的屋顶，即便于分泄雨水的斜屋顶。"尚"的金文字形❸中间的一点即点明两坡分开或汇聚之处。出土实物中就有这样的春秋时期微型尖顶铜屋的模型，更讲究的则是"四阿重屋"，乃是统治阶层所居的四面坡顶、两重屋檐的宫殿。

　　两面坡的尖顶房屋既高大，又不是平民百姓住得起的，因此引申为尊崇、尊对卑之意。比如帝王之女身份尊贵，不敢言"娶"，而要说"尚"。《汉书·王吉传》载："汉家列侯尚公主，诸侯则国人承翁主。"皇帝之女称"公主"，诸侯之女称"翁主"。晋灼注解说："尚、承皆卑下之名也。"

❶

❷

寝

用扫帚把屋子打扫干净睡觉

寡人夜者寝而不寐

——《春秋公羊传》

在《说文解字》中，"寝"和"寑"是两个不同的字。让我们来看看这两个有趣的汉字是怎么演变并且合而为一的。

寑，甲骨文字形❶，这是一个会意字，上面是房屋之形，房屋的里面是一把扫帚，会意为用扫帚把屋子打扫干净，准备睡觉了。金文字形❷，同于甲骨文。金文字形❸，扫帚下面添加了一只手，表示手持扫帚；左边添加了一个女人，表示女人手持扫帚打扫。小篆字形❹，同于金文。今天使用的"寝"字，把小篆字形中的"人"改成了"爿"，就是床，同样会意为就寝。

《说文解字》："寑，卧也。"而"寝"字的小篆字形❺，在屋子的里面，左边是"爿"，一张床。右边则极为复杂：上面是"夢"的省写，下面还是"帚"。打扫干净屋子之后睡觉，然后开始做梦，做梦则人昏昏沉沉，因此《说文解字》如此解释这个字："寝，病卧也。"那么，这两个字的区别就是："寑"是正常的睡觉，而"寝"则是生病了躺卧着。后来两个字就不再加以区分，统一使用"寝"字了。

《论语》中有个小故事："宰予昼寝，子曰：'朽

❸

❹

❺

木不可雕也，粪土之墙，不可杇也；于予与何诛？'"宰予是孔子的学生，他"昼寝"，大白天的偏偏去睡觉，于是孔子感叹道："腐朽的木头不可雕刻，粪土垒起来的墙壁无法粉刷，对宰予这样一个人，责备他还有什么用呢！"

《礼记·曲礼上》中有这样的规定："寝毋伏。"如果要"寝"，不能伏在桌子上，要躺到床上去睡。"寝"的字形中原本就没有桌子的字符，所以这样的规定是非常合理而且有趣的。孔子之所以批评宰予朽木不可雕，就是因为他"昼寝"，大白天却跑到床上去睡觉。假如宰予只是坐着或者伏在桌子上打一会儿盹，估计孔子也不会这么生气吧。

《春秋公羊传》中，晋献公因为有心事，对大臣们哀叹道："寡人夜者寝而不寐。"躺在床上睡觉，但是却没有睡着。"寐"是睡着的意思。由此可见，古人关于睡觉的各种字眼是分工很细的。

《尔雅·释宫》："室有东西厢曰庙，无东西厢有室曰寝。"这是古代的寝庙制度，前面的正殿称"庙"，后殿称"寝"。孔颖达解释说："庙是接神之处，其处尊，故在前；寝，衣冠所藏之处，对庙为卑，故在后。"庙有东西厢房，寝则只有内室，用来放置祖先的衣冠，表示祖先的灵魂还在这里躺卧着。这是由"寝"的本义引申而来当作名词使用了。

此外，天子和诸侯处理政事的正厅称作"路寝"或"大寝"；处理完政事，回到寝宫，脱去朝服，休息的地方称作"小寝"或"燕寝"。这些都是君王的宫室，因此又引申为帝王的陵墓也有"寝"，位置在墓的一侧，取寝庙制度"前曰庙，后曰寝"的遗制。

"寝"还有一个非常有趣的义项，当作形容词用：丑陋。古籍中多有"貌寝""貌寝陋"的记载，想一想"寝，病卧也"这个解释吧，生病卧床的人，容貌当然好不到哪里去，故而如此引申。古人的心思，有时候也刻薄得很呢！

高

城墙上所建的高台

松柏不剪，亲戚安居，高台未倾，爱妾尚在

——丘迟

　　南北朝时期是一个乱世，陈伯之先为齐朝大将，归附梁朝，然后又叛梁，归附北魏。梁武帝天监四年（505年），梁军讨伐陈伯之，丘迟时任掌管书记文告的记室一职，与陈伯之是老相识，于是以私人名义修书一封，劝降陈伯之，这就是传诵千古的《与陈伯之书》。陈伯之看完这封信后，大为折服，"乃于寿阳拥众八千归"。

　　《与陈伯之书》一文中有许多名句，比如"暮春三月，江南草长，杂花生树，群莺乱飞"，比如"将军松柏不剪，亲戚安居，高台未倾，爱妾尚在，悠悠尔心，亦何可言。""松柏"喻指祖坟，东汉学者班固汇编的《白虎通义》中写道："天子坟高三仞，树以松；诸侯半之，树以柏；大夫八尺，树以栾；士四尺，树以槐；庶人无坟，树以杨柳。"不过后来庶人的墓地也可以植松柏，"松柏"遂成为祖坟的代称。"高台"亦有出处，东汉学者桓谭在《新论·琴道》篇中借雍门周之口展望孟尝君死后的凄惨景象："高台既以倾，曲池又已平，坟墓生荆棘，狐兔穴其中，游儿牧竖，踯躅其足而歌其上。"

　　"高台未倾"，即指陈伯之在梁朝的房舍住宅未被倾毁，则"高台"之高可以想见。我们来看看"高"这个字是怎么造出来的。

❸ ❹ ❺

高，甲骨文字形 ❶，像一座高耸的建筑。甲骨文字形 ❷，下面添加了一个"口"。甲骨文字形 ❸，上部有一横或两横的增饰。金文字形 ❹，小篆字形 ❺，都大同小异。

那么，这到底是一座什么样的建筑呢？徐中舒先生在《甲骨文字典》中认为下面的"冂"表示高地，"口"表示穴居之室，上面的字符则表示"上覆遮盖物以供出入之阶梯"。整个字形"像高地穴居之形"。他还说："殷代早期皆为穴居，已为考古发掘所证明。"

白川静先生则在《常用字解》一书中认为"口"表示"置有向神祷告的祷辞的祝咒之器"，上面是"京"的简写，"形示下有拱形门洞、上有望楼的城楼"。所以"'高'表示在此城门前，为了阻遏恶灵入内，供奉祝咒之器，举行袚除仪式。望楼高大，因此'高'有高、高大、高等之义。由物体的高低之高引申到地位之高贵，以及精神方面之高贵"。

不过，从字形上来看，显然这是一座堆砌在土台上的建筑物，上面是倾斜的屋顶，便于泄水，多么形象的一座"高台"！至于下面的"口"，还是应该从日常生活的实际经验来理解，不宜视为"祝咒之器"。字符"冂"是指郊外，那么"口"就应该表示城邑，"高"乃是区别于郊外的城邑的城墙上所建的高台，用于瞭望。

《说文解字》："高，崇也。象台观高之形。"所有与"高"结构相同的汉字，比如京、亭、亮、毫、享、乔等都清晰地展示了古代中国建筑的这种特点。

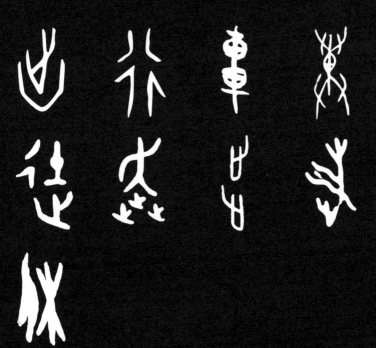

出行篇

❶　　　　❷　　　　❸

从穴居之处往外走

期者：父在为母；妻；出妻之子为母

——《仪礼》

　　"出"与"入"相对，出来，出去。看似简单的一个字，古时候的含义却极其丰富。这个字不但反映了古代婚姻制度的一个侧面，而且还跟丧服制度密切相关。

　　出，甲骨文字形 ❶，这是一个会意字，左右两边代表十字路口，中间的上部是一只脚，下部的口形表示居处，整个字形会意为人从自己的居处出行。甲骨文字形 ❷，十字路口省去了半边。甲骨文字形 ❸，徐中舒先生说下部像"古代穴居之洞穴。故甲骨文出字像人自穴居外出之形"。甲骨文字形 ❹，下面更像穴居之处。甲骨文字形 ❺，有人认为下面的口形表示城邑，但从字形演变来看，还是以穴居或居处最为贴切。金文字形 ❻，大同小异。金文字形 ❼，穴居之处或居处变为短短的一条曲线，林义光认为"像足迹自隐处出行之形"。小篆字形 ❽，上面的足形讹变为"屮"，为楷书字形两个上下相连的"屮"打下了基础。

　　《说文解字》："出，进也。像草木益滋上出达也。"即使根据小篆字形，"出"字上面的字符也并不像草木生长的样子，因此许慎的解释是错误的。张舜徽先生举《礼记·月令》"句者毕出，萌者尽达"的描述，认为用的就是"出"的本义。草木出土时，弯者称"句"，

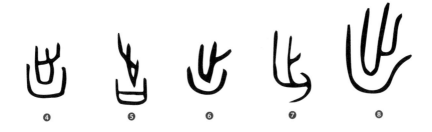

④　　　⑤　　　⑥　　　⑦　　　⑧

直者称"萌"。其实这只不过是引申义而已。

　　"出"这个字怎么跟婚姻制度和丧服制度有关呢？我们先来看《仪礼·丧服》中的规定："期者：父在为母；妻；出妻之子为母。""期"指服丧一年。此处所说的服丧一年有三种情况：第一，母亲死了而父亲还健在，要为母亲服丧一年；第二，丈夫为死去的妻子服丧一年；第三，被休弃妻子的儿子，要为死去的生母服丧一年。不过紧接着还有一条规定："出妻之子为父后者，则为出母无服。"意思是：被休弃妻子的儿子，如果成为父亲的继承人，那么不能为被休弃的生母服丧。

　　其中"出妻"指被休弃的妻子。据《孔子家语·本命解》载，孔子说"妇有七出"："七出者：不顺父母者，无子者，淫僻者，嫉妒者，恶疾者，多口舌者，窃盗者。"如果妻子有这七种情况，那么丈夫就可以将妻子休弃，称作"出妻"。这当然是男权社会的陋习。

　　需要辨析的是"出阁"一词。"出阁"指女子出嫁，尽人皆知，但其实却是"出閤"的误写。"阁"和"閤"是两个完全不同的字，形近音同，后人不察，一概将"閤"误写作"阁"。"阁"是"所以止扉者"，开门之后，为了防止门扇自动合上，用两根长木桩放置到门扇两旁，这两根长木桩就叫"阁"；而"閤"是"门旁户也"，大门旁边另开的小门。

　　《尔雅·释宫》："宫中之门谓之闱，其小者谓之闺，小闺谓之閤。"闱、闺、閤，三道宫中的门户，一个比一个小，因此闺闱和闺閤引申而借指女人的内室，出嫁即为"出閤"。

行

朝向东西南北的十字路口

其祀行，祭先贤 ——《礼记》

❶　　　　❷

"行"这个字，今天最常用的读音有两个：读作 háng 的时候用作名词，指道路以及引申而来的行列、行业等；读作 xíng 的时候用作动词，指行走以及引申而来的运行、从事等。而且历代字书中都立有"行"部首，今天则简化为"彳"部首，也就是通常所说的双人旁。

行，甲骨文字形❶，这是一个很明显的象形字，中间是一条南北大道，左右两侧是旁出的东西方向的道路。甲骨文字形❷，非常形象的一个十字路口。金文字形❸，大同小异。金文字形❹，略有变形。金文字形❺，变形得更厉害，为小篆字形❻打下了基础。小篆字形则完全看不出通道口的样子了。

《说文解字》："行，人之步趋也。从彳从亍。"这是根据小篆字形作出的错误释义。"行"的本义很明确，就是十字路口。罗振玉说"象四达之衢，人所行也"。马叙伦则解说得更加清晰："《尔雅·释宫》：'行，道也。'此行之本义也。《诗·小弁》：'行有死人。'谓道有死人也。《吕氏春秋·下贤》：'桃李之垂于行者，莫之援也；锥刀之遗于道者，莫之举也。'行与道对文，亦行即道之证。"林义光则根据金文字形❺认为"行

186

③   ④   ⑤   ⑥

本义当为行列"，上面的"八"意为"分也"，下面"像人分为行列相背形"，这种释义与甲骨文字形不符，只是引申义。

《诗经·七月》中有"女执懿筐，遵彼微行，爰求柔桑"的诗句，懿筐指深筐，柔桑指嫩桑叶。微行，孔颖达解释说："行，训为道也。步道谓之径，微行为墙下径。"即墙下的小路。这里用的就是"行"的本义。

《礼记·月令》中还有更有趣的记载："其祀行，祭先肾。"这是说孟冬之月，也就是冬季的第一个月，要祭祀"行"，祭祀的时候要使用祭牲的肾。祭祀的这个"行"就是指路神。此时要对道路进行大扫除，以使路神安居；还要设置一个"厚二寸，广五尺，轮四尺"的土坛，称作"軷（bó）壤"；祭祀完毕之后，要将车轮碾过祭牲，以示行道无艰险。这里的"行"也是道路的本义。

春秋战国时期，各国均设有"行人"一职，乃是掌管朝觐聘问的官员。鲜为人知的是，出使的"行人"则称作"行李"，今天的"行李"一词指出门时所携带的东西，与古代的含义完全不同。

《左传·僖公三十年》："行李之往来，共其乏困。"杜预注："行李，使人。"《国语·周语》："敌国宾至，关尹以告，行理以节逆之。"韦昭注："理，吏也；逆，迎也，执瑞节为信而迎之。行理，小行人也。"按照韦昭的解释，"理"应该是"吏"字，"行理"应该写作"行吏"，这样一来就好理解了："行吏"即出使的官吏。但是还有人认为"理"和

"李"是通假字，章炳麟的《官制索隐》就持此说。清人郝懿行在《证俗文》中解释得最为明白："古者行人谓之'行李'，本当作'行理'，理，治也。作'李'者，古字假借通用。"

《诗歌写真镜 雪中旅人》
（詩歌写真鏡）
葛饰北斋绘，约1833年

　　葛饰北斋（1760—1849），日本江户时代最负盛名的"浮世绘三杰"之一，他的绘画风格对后来的欧洲画坛影响很大。他笔下风格多变，题材丰富，花鸟虫鱼、山水人物，无所不画，尤其擅长风景画与风俗画，一生创作名画无数，成为日本文化符号性人物。

　　"诗歌写真镜"是一组系列作品，共十枚，大致刊行于天保年间（1830—1844），根据著名的中国诗或日本和歌创作，每一幅描绘一篇诗歌作品。这是一幅雪中行旅图，描绘了一人一骑一仆，在茫茫大雪中赶路至中途。骑者与仆人均戴着斗笠，仆人穿着蓑衣，抱着行李。两人的斗笠上已积了厚厚一层雪，暗示他们已走了很远的路。远处有一所覆满白雪的小屋，马上行人不禁停鞭怅望。据说这幅作品描绘的是中国宋代大诗人苏东坡被流放时的情景，只不知对应的是哪首作品。有一出元杂剧《苏子瞻风雪贬黄州》，也许画的是这个故事？也有研究者认为此图意境源自杜甫《送远》一诗。

❶　　　　❷

有轮子有车厢有横木的一辆车

子有车马，弗驰弗驱

——《诗经》

在中国古代，总是车马并举，一般来说，没有无马的车，也没有无车的马。比如《诗经·山有枢》中的诗句："子有车马，弗驰弗驱。"您有车又有马，却不乘又不坐。《周易·系辞》载黄帝的功绩之一是："服牛乘马，引重致远，以利天下"。可见除马车外，还有牛车。马车供贵族出行和作战使用；牛车用来载运货物，魏晋以前牛车很低贱，贵族是不能乘坐的，魏晋之后，王公贵族们才开始乘坐牛车。相传黄帝造车，直到其子少昊时才用牛拉车，到了禹的时候，任命奚仲为"车正"，这才开始用马拉车。

车，甲骨文字形❶，这是一个象形字，横着看就像一辆车的两个轮子。甲骨文字形❷，更是非常形象的一辆车的形状，下面是两只轮子，连着上面的车厢。金文字形❸，也是横视图，两只轮子的前面是车辕前端的横木，叫"衡"，乃是驾马之处。小篆字形❹，仅仅保留了一只车轮。楷书繁体字形❺，同于小篆。简化后的简体字完全看不出象形的样子了。

《说文解字》："车，舆轮之总名。"一辆车，最显眼的部分当然是车厢和车轮。车厢叫"舆"，里面既可以乘人，又可以纳物，因此而引申为"众多"之意，比如"舆论"就是指公众的言论。周代就把造车工人称作"舆人"，《周

③　　　　　④　　　　　⑤

礼·考工记》中载有非常详细的造车方法，而且车的种类也分得很细，大的类别分成两类，大车和小车。大车又分为以下几种：大车，指行于平地的牛车；柏车，行于山地的大车；羊车，装饰精美的大车。这三种车都用牛来拉，而且都是两辕。小车又分为以下几种：田车，"田"是田猎，打猎用的车子；兵车，顾名思义，就是打仗用的战车；乘车，又叫安车，"安"是安坐的意思，古人乘车跟今天完全不同，是站立在车厢里的，这叫"立乘"，但是高官告老还乡或者征召有名望的人，往往赐乘安车，妇人也不立乘，乘车或安车就是特许这些人使用的。这三种车都用马来拉，而且都是一辕。

《礼记·檀弓下》载："孔子过泰山侧，有妇人哭于墓者而哀，夫子式而听之。"这个"式"字与"轼"通假，是车厢前面可以凭倚的横木，古人在行车途中，如果遇到了身份比自己尊贵的人，要"抚式"，手扶横木俯首致敬，但兵车因为是作战所用，所以"兵车不式"。

古人乘车，以左为尊，空着左边的座位准备接待贵宾称"虚左以待"。尊者在左，驾驭的人居中，还要有一个人在右边陪着，这叫"骖（cān）乘"。兵车的情况则不同，主帅居中，驾驭的人居左，右边还要带上一位勇士，称作"车右"，目的是防备不测。

有趣的是，《左传》中有"辅车相依，唇亡齿寒"的谚语。"辅"指颊骨，可以辅持口腔；"车"指牙床，牙床上装满了牙，就像车上载满了东西一样。"辅车相依"跟"唇亡齿寒"的意思一样，即颊骨和牙床相互依存，缺一不可。

四只手抬着一辆车

天地有覆载之德，故谓天为盖，谓地为舆

——司马贞

❶　　　　　　❷

　　"舆"这个字，今天使用最多的义项是舆论、舆情，指公众的意见和言论。"舆"为什么会作为公众的代指呢？

　　"舆"的繁体字是"輿"，甲骨文字形❶，很明显这是一个象形字，上下左右是四只手，中间是车厢和纵穿过车厢的大木。《说文解字》："輿，车舆也。"按照许慎的解释，"舆"的本义就是众人推挽的车厢。在驯化马、牛拉车之前，推车皆用人力。不过我倒认为这个字形反映的是远古时期，众人抬着车厢行走的情景，后世的肩舆即其遗制。胡三省注《资治通鉴》说："肩舆，平肩舆也，人以肩举之而行。"

　　舆，甲骨文字形❷，有些解字者将中间的车形误认作"东"字，其实这个车形末端旁出的两划是车轮的省写，这就变成了众人推车。战国后期秦国石刻《诅楚文》字形❸，中间正式定型为"车"。小篆字形❹，一模一样。

　　据《后汉书·舆服志》载："上古圣人，见转蓬始知为轮。轮行可载，因物知生，复为之舆。舆轮相乘，流运罔极，任重致远，天下获其利。"这是指先有类似转蓬（随风飘转的蓬草）的"轮"，然后才有"舆"，"舆"是"轮"所载，因此"舆"可当作载、运载讲。古代中国称疆域图为"舆图"或"舆地图"，司马贞在为《史记》

❸ ❹

作的索隐中解释说："天地有覆载之德，故谓天为盖，谓地为舆，故地图称舆地图。"天覆地载，大地就像载运着万物一样，因此称地图为"舆图"。

"乘舆"一词，本来特指天子和诸侯所乘之车，后来用作皇帝的代称。蔡邕在《独断》一书中说："乘舆出于《律》。《律》曰：'敢盗乘舆服御物。'谓天子所服食者也。天子至尊，不敢渫渎言之，故托之于乘舆。乘，犹载也；舆，犹车也。天子以天下为家，不以京师宫室为常处，则当乘车舆以行天下，故群臣托乘舆以言之。或谓之车驾。""乘车舆以行天下"，这当然是古人对天子的理想化要求。

让我们想一下"舆"字中的四只手吧，推车的人如此众多，因此"舆"引申出众多之意。今天常常使用的"舆论"一词，因此而指公众的言论。不过我倒有一个不同的观点。

据说黄帝造车服以赐群臣，乘舆者车服华丽，而推车或驾车的御者，可想而知地位低下，更别说最早的时候抬车的人了。那四只代表御者的手，想必青筋暴露，劳力者治于人，时间久了，未始没有怨言。怨言渐渐密集起来，形成了一个独特的言论圈子，后世就用"舆论"这一专门术语来命名这个独特的言论圈子。可作对比的是英语中的 Public opinion 一词，公民意见，但"舆论"一词从词源上来说仅仅与车舆或驾车有关，能乘车者必定是上层统治者，他们只会发号施令，哪里还有什么反对意见呢。"舆论"因此是皇权专制社会的特有词汇，与现代社会的媒体批评和公众意见完全不相干。

《仿李公麟白莲社图》（局部）

明清佚名绘，纸本墨笔长卷，美国大都会艺术博物馆藏

  《白莲社图》卷描绘东晋元兴年间，莲宗初祖惠远在庐山东林寺同十八位贤士建白莲社专修净土法门，并与陆修静、陶渊明、谢灵运相善的故事。此图仿李公麟白描笔法，纯熟飘逸。

  这一段画卷描绘的是陶渊明与谢灵运山路相逢的情景。陶渊明正在步行上山，宽衣广袖，是魏晋士人典型装束。他身后两个仆人，扛着一顶肩舆随行，预备主人疲倦时乘坐。这顶肩舆颇为简朴轻便，为藤编方形篮筐，二人以竿挑之，竿上还系着一个酒葫芦。陶渊明好酒，此物不可不备。白居易有诗曰："翩翩平肩舆，中有醉老夫。"待陶渊明醉酒下山之时，大约也是这般情形吧。

❶　　　　❷　　　　❸

爬到树上去瞭望敌情

乘肥马，衣轻裘

——《论语》

"乘"是个非常有意思的汉字，有两个读音。我们先来看字形的演变。

乘，甲骨文字形❶，这是一个会意字，下面是枝杈伸展的"木"，上面是一个人，人爬到树上去干吗呢？甲骨文字形❷，上面的人好像引颈眺望的模样，大概是在瞭望并侦察敌情。金文字形❸，树木和人的样子更加舒展。金文字形❹，人多了两只脚，意为手脚并用，艰难地爬到了树上。小篆字形❺，下面的"木"还是老样子，但人的样子不太像了，倒是突出了两只脚。楷体字形的上下结构讹变成了"禾"，人的两只脚则讹变成了中间的"北"。

《说文解字》："乘，覆也。"意思是跑到上面。段玉裁解释说："加其上曰乘。"这个说法不太准确，从字形即可看出，"乘"的本义是登、升，人登到树上。甲骨文卜辞中有名为"望乘"的人名或部落名，属于商王的部队，应该就是侦察敌情的先头部队。

《诗经·七月》中有"亟其乘屋"的诗句，意思是赶紧登上屋顶去修理房屋。因为人骑马也要登上马背，因此而引申为骑、坐和驾驭之意，比如乘车、乘船，比

④

⑤

如《论语》中有这样的话："赤之适齐也，乘肥马，衣轻裘。"公孙赤到齐国去，驾驭着肥马拉的车子，穿着轻暖的皮衣。此处的"乘肥马"不是指骑马，而是指驾驭马车。战国以前车马相连，没有无马的车，也没有无车的马。

马奔跑的时候会加速，因此引申出"乘势"的意思；驾驭马匹是借助马匹的速度，因此又引申出利用、依仗、趁机的意思。当作为这些义项的时候，"乘"的读音是"chéng"。

古代狩猎或者作战的车子，以四匹马拉最为常见，"乘"的引申义是"覆"，覆在上面，驾车时要把车轭套在马的脖子上，因此这也叫"乘"，而一车用四匹马拉，因此四匹马拉的车子就叫作"一乘"。所谓"万乘"即一万辆车，这是天子之制，因此也用"万乘"来指代天子；"千乘"即一千辆车，这是诸侯之制；"百乘"即一百辆车，这是大夫之制。《诗经》中就有许多吟咏车马的诗，常常出现"四牡"（四匹公马）、"乘马"（四匹马）、"乘黄"（四匹黄色马）等词句，日常口语中也有"一言既出，驷马难追"的说法，"驷马"即指四匹马拉的车子。从这里又把"乘"引申为量词，以四为乘，比如"乘壶"就是四个壶，"乘矢"就是四支箭，诸如此类。

《左传》中有一个著名的故事，秦军准备偷袭郑国，半路被自称郑国使臣的弦高拦住，弦高其实是个商人，听说秦军欲攻打自己的国家，冒充使臣，"以乘韦先牛十二犒师"。"乘韦"是四张熟牛皮，先献上四张熟牛皮，然后再献上十二头牛，犒劳秦师。为什么说"以乘韦先牛十二"呢？这是因为献人礼物，一定要先轻后重，先薄礼后重礼。秦军以为郑国早有准备，收下礼物后只好撤军。

当作这个义项的时候，"乘"的读音是"shèng"。

孟子曾经说过这样一番话："晋之乘，楚之梼杌，鲁之春秋，一也。"晋国的史书叫《乘》，楚国的史书叫《梼杌》，鲁国的史书叫《春秋》。

《春秋》容易解释，记载一年四季的事情。

《梼杌》最难解释，过去的说法是"梼杌（táo wú）"是凶兽之名，楚国用它作为史书的书名，是为了惩罚历史上的恶人；还有学者说梼杌能够预知未来，有人想要捕捉它，它事先就能够知道，因此用作书名，表示往知来的意思；也有学者说"梼"是木质坚硬的树，"杌"是砍断这种树后剩余的木桩子，木桩子的横断面上有一圈一圈的年轮，因此用来代表历史，并用作书名。

晋国的史书叫《乘》，宋代学者孙奭解释道："以其所载以田赋乘马之事，故以因名为乘也。"田赋乘马之事，关乎国家的政治、经济、军事大事，故以《乘》为名，后来"史乘"就成为史书的泛称，即由此而来。

❶　　　　　　❷

徒

用脚走路溅起了尘土

我徒我御，我师我旅　　——《诗经》

　　"徒"是最有意思的汉字之一，而且义项繁多，直到今天大都还在使用。

　　徒，甲骨文字形❶，这是一个会意兼形声的字。说它会意，上面是土，旁边的两点是扬起的尘土，下面是脚，整个字形会意为行走；说它形声，上面的"土"表声。金文字形❷，变成了左右结构，左边的偏旁"彳"，读作"chì"，行走。金文字形❸，下面又添加了一个"止"，"止"就是脚，字形开始变得复杂起来。金文字形❹，更美观了一些。小篆字形❺，左边变成了偏旁"辵"，读作"chuò"，忽走忽停或者奔走的样子。楷体字形的右边干脆定型为"走"。

　　《说文解字》："徒，步行也。"这就是"徒"的本义，即徒步行走。《诗经·黍苗》一诗中吟咏道："我徒我御，我师我旅。"徒即徒步，御是驾车，五百人为旅，五旅为师。这是古代士兵出征的情形。今天"徒步"一词的意思就是步行走路，不管是有车阶级还是无车阶级，只要步行走路一概称"徒步"，古代可不一样，"徒步"是平民的专称，古代的平民外出没有车，故称"徒步"。汉武帝时期的大臣公孙弘年轻的时候家里贫寒，

徒　　徒　　趄
❸　　❹　　❺

靠给人在海边养猪维持生计，七十多岁时被汉武帝拜为丞相并封侯。公孙弘认为自己"起徒步"，平民出身，却荣登高位，因此专门盖了一座别墅，用以延揽同样"徒步"的贤士。既然"徒步"就是没有车坐，因此古代的步兵也称"徒步"。"我徒我御"中的"我徒"即指步兵。

步兵众多，因此"徒"引申为众多的人；步兵为一个战斗单位，因此"徒"又引申为同一类或同一派别的人，比如徒党、教徒、僧徒等称谓，门徒、徒弟的称谓也是由此而来。《周礼》中说："凡害人者，弗使冠饰而加明刑焉，任之以事而收教之，能改者，上罪三年而舍，中罪二年而舍，下罪一年而舍。"这就是后世所说的"徒刑"，将罪犯拘禁于一定场所，剥夺其自由并强制劳动，不让其戴身份象征的帽子，把罪状写在板上，固定在犯人的背上，以示惩罚，这叫"明刑"，彰明其刑罪。"徒刑"之名始于北周，列入五刑之一。既为拘禁服劳役，当然只能徒步而为，故称"徒刑"，同时也是地位低下的意思，甚至有学者把"徒"解释为："徒者，奴也。盖奴辱之，量其罪之轻重，有年数而舍。"

"徒"的本义既为步行，那就是不借助于任何工具比如车马而行走，由此引申出空的义项，比如"徒手"意思是空手，"徒有虚名"意思是空有名声，没有乐器伴奏的歌称作"徒歌"。"徒"还当作副词使用，独、仅仅、徒然、枉然，也都是由此引申而来的。"徒慕君之高义"，独独仰慕君之高义，"老大徒伤悲"，年老了徒然伤悲，等等。

❶ ❷

竟然用三只脚奔跑

余必使尔罢于奔命以死 ——《左传》

奔跑的"奔"，金文字形 ❶，这是一个会意字，上面是一个甩动胳膊的人，下面是三只脚。三只脚并不表示这个人长了三只脚，而是表示他跑得很快，脚步移动的幅度看起来就像很多只脚一样。金文字形 ❷，这个人的胳膊伸展得更开了。金文字形 ❸，在这个人的左边又添加了一个"彳"，也是表示在路上行走的意思，但纯属画蛇添足，都有三只脚了还不够？估计是造出这个字形的人还想要跑得更快一些，因而表达自己的急切心情。小篆字形 ❹，虽然没有金文字形形象，但还是能够看出来奔跑的样子，不过下面的三只脚变形得很严重，竟然伪变成了三棵草！这就直接讹变出了楷体字形的"奔"，下面的"卉"就是三棵草的形状，本来是人用脚奔跑，却变成了人在草地上奔跑，真是有趣！

《说文解字》："奔，走也。"《尔雅》中列举了走和跑的各种用字区别："室中谓之时（待），堂上谓之行，堂下谓之步，门外谓之趋，中庭谓之走，大路谓之奔。"在大路上才能跑得起来，因此"奔"的本义就是快跑，引申为"凡赴急曰奔，凡出亡曰奔"，赶赴急事和逃亡都要跑得飞快。

有趣的是"私奔"一词，指女子没有经过正式的结

❸

❹

婚礼节，而私自去与男人结合。当作这个义项使用的"奔"字实在太形象了！司马相如琴挑卓文君，挑动了文君的芳心之后，"文君夜亡奔相如"，不光逃到司马相如身边，还要在夜里逃跑，此之谓"奔"也！周代有媒氏这一官职，掌管男女婚姻，"仲春之月，令会男女，于是时也，奔者不禁"，意思是这时候男女相会，不必准备纳采、问名、纳吉、纳征、请期、亲迎这六种婚姻过程中的礼节，因此由"奔"引申出嫁娶而礼不备的意思。

"奔命"一词本来指奉命奔走，因此"疲于奔命"这个成语的意思原指因受命到处奔走而筋疲力尽，后来泛指忙于奔走应付，弄得非常疲劳。这个成语最早写作"罢于奔命"，"罢"和"疲"是通假字，出自《左传·成公七年》。

春秋时期最美丽的女人夏姬被楚国掳走后，楚国大臣子反想纳她为妾，但是被另一位同样觊觎夏姬美色的大臣巫臣设计阻止了。后来巫臣带着夏姬投奔晋国，子反大怒，请求楚共王用重金厚赂晋臣，阻断巫臣的仕途。楚共王是个明白人，说了这样一篇大道理："巫臣为先君尽忠多年，现在虽然因为一己之私犯下大错，但也属人之常情。况且如果他的才能确实能有利于晋国，那即使重金厚赂也没有什么用啊！"

子反焉能咽下这口恶气，遂联合同样与巫臣有隙的子重，灭了巫臣留在楚国的族人。巫臣大怒，从晋国寄了一封信给二人，立下重誓："余必使尔罢于奔命以死！"于是巫臣带着晋国军队到达楚国的盟国吴国，教吴国射术和战阵，自此吴国才开始四处征伐，首先伐的就是楚国；而子重、子反"一岁七奔命"，累都累死了，果然应验了巫臣"疲于奔命"的重誓。

《通俗水浒传豪杰百八人之内　豹子头林冲》（通俗水滸伝豪傑百八人之内　豹子頭林冲）

歌川国芳绘，约 1845—1850 年

　　歌川国芳（1798—1861），号一勇斋、朝樱楼，是浮世绘歌川派晚期大师之一。他擅长武者绘、猫绘、鬼怪画，风格新奇大胆。1827 年开始创作著名的"水浒传豪杰百八人"系列，勾画细腻，色彩浓烈，个性生动，极受欢迎。这一幅画的是豹子头林冲，他披头散发，神情悲愤，手持长矛，正欲冲入眼前的大风雪中。

　　林冲原为东京八十万禁军枪棒教头，身长八尺，生得豹头环眼，燕颔虎须，人称豹子头，因使丈八蛇矛，又唤"小张飞"，重情仗义，武功盖世。人生正值春风得意，却因得罪高俅，刺配沧州。后屡被陷害，回京梦断，愤而发狂暴走，怒杀官差，风雪上梁山。这一段情节编入戏曲中，便是著名的《林冲夜奔》。"按龙泉血泪洒征袍，恨天涯一身流落。专心投水浒，回首望天朝。急走忙逃，顾不得忠和孝。"这一夜英雄落魄，亡命奔逃，风声鹤唳，堪称《水浒传》中最令人难忘的一幕。

❶　　　　　❷

步

一步两个脚印

拾级聚足，连步以上 ——《礼记》

今天人们挂在嘴边的一步、两步、步行等常用语，无非是泛泛而言，但古人造字，一字一义，精准到令今人无法想象的程度。

步，甲骨文字形❶，向上的这一撇表示大脚趾，因此这是两只左脚。可是，两只左脚怎么能够一前一后行走呢？因此有人认为这是卜辞初创时期的不成熟写法，但甲骨卜辞中有好多例这样的写法，古人再粗心也不会连脚的方向都弄反吧？那么两只左脚的写法一定有其原因，容后详述。

步，甲骨文字形❷，上面一只左脚，下面一只右脚，这是卜辞中最为常见的写法。甲骨文字形❸，两旁添加的字符表示十字路口，人在路上行走。金文字形❹，脚掌填实，写这个字的人一定非常富有童趣！金文字形❺，有没有感觉是很胖的两只脚？小篆字形❻，定型为上下两个"止"，"止"就是左脚的象形，下面则是倒写的"止"，因此绝不能多一点误写成"少"。

《说文解字》："步，行也。"用两只脚一前一后来表示行走之意。古人造字之精细就在这里呈现出来了：一定要两只脚都迈出去才能叫"步"，因此"步"

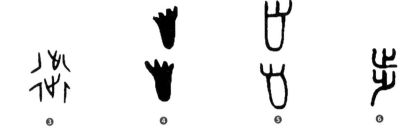

③ ④ ⑤ ⑥

的字形中才会有两只脚；只迈出一只脚称"跬（kuǐ）"。换句话说，我们现在说的一步，古代称"跬"；现在说的两步，古代才称"步"。因此今天的日常俗语"一步一个脚印"其实是错误的，正确的说法应该是"一步两个脚印"。

这是日常生活中的"步"；去别人家里做客，要登台阶进入堂中，登阶之礼则又不相同。这一登阶之礼就是人们熟知的"拾级而上"。据《礼记·曲礼上》载："主人与客让登，主人先登，客从之，拾级聚足，连步以上。""让"指主客相互揖让。

什么叫"拾级聚足"？郑玄注解说："'拾'当为'涉'，声之误也。级，等也。涉等聚足，谓前足蹑一等，后足从之并。"前脚踏上一级台阶，后脚跟着也踏上同一级台阶，两脚相并。什么叫"连步以上"？郑玄注解说："谓足相随不相过也。"后脚紧随前脚，不能超过前脚，如此一级一级上堂。

"拾级"之"拾"，今天注音为 shè，就是根据郑玄的注解而来。不过，颜师古在《匡谬正俗》中写道："拾者，犹言一一拾取。"这一解释更为合理，所谓"拾级"，就是将面前所登的台阶一级一级地拾取，多么形象！

由于"拾级"是古时特有的登阶之礼，因此只能说"拾级而上"，不能想当然地说"拾级而下"。

现在就可以明白了：甲骨文字形 ❶ 中两只同方向的脚，描述的正是

"拾级而上"的登阶之礼。走路的时候，每迈出一只脚，都在另一只脚的前面，但登阶之礼要求的却是两脚必须相并。一只脚登上台阶，另一只脚并拢，对登阶而言，仍然还处在同一层台阶之上；只有再抬起一只脚登上上面一层台阶，才算是登上了两层台阶，才算是完成了"一步"，这就是"聚足"之后"连步以上"的道理。

❶　　　　　　❷

涉

脚指头朝上蹚水而过

涉猎阅旧闻，暂使心魂澄　——司马光

涉，甲骨文字形 ❶，这是一个会意字，字形不仅形象而且非常美丽：中间是河流，上下是两只脚。甲骨文字形 ❷，中间是河流，左右是两只脚，甚至还能很明显地看出来脚指头朝上，一前一后蹚水而过。金文字形 ❸，接近甲骨文。金文字形 ❹，渡完了右边的河流，左边还有一条河流在等着呢！小篆字形 ❺，字形规范化，两边的河流夹着中间的两只脚。小篆字形 ❻，省去一条河流，右边简化成了"步"，还是上下两只脚。

《说文解字》："涉，徒行厉水也。"《尔雅·释水》："由膝以上为涉。"因此"涉"的本义是不借助舟船等物徒步蹚水过河。"跋"是翻山越岭，跟"涉"组词为"跋涉"，就是跋山涉水的意思。由"涉"的本义引申出经历、进入等义项。这里重点讲解一下"涉"的远引申义——阅览。当作"阅览"讲的时候，常常组词"涉猎"，指读书治学或者学习其他技能时只作浮浅的阅览或者探索，不求深入研究掌握，也用来形容阅读面广博，比如司马光的诗："涉猎阅旧闻，暂使心魂澄。"

"涉"为什么能够和"猎"组成一个词呢？

"涉猎"一词汉代时就已经使用了。贾山是汉文帝

❸   ❹   ❺   ❻

时期的大臣，是一名谏官，曾经写了一篇《至言》，以秦代亡国的教训为喻，向汉文帝进谏治乱之道。不过《汉书》对他的评价却是："所言涉猎书记，不能为醇儒。""醇儒"指那些学识精粹纯正的儒者。

颜师古注解"涉猎"一词为："涉若涉水，猎若猎兽，言历览之不专精也。"揣摩颜师古的意思，无非是说涉水仅仅从水中经过而已，不可能详细深入了解水面下的情况；打猎的时候，眼睛也只不过盯着猎捕的对象，也不可能详细深入了解山林中的情况。因此说"历览之不专精"，游历观览仅止于浮皮潦草，不能专精。

唐人张泌所著《妆楼记》一书记载："徐州张尚书妓女多涉猎，人有借其书者，往往粉指痕并印于青编。"张建封是唐德宗时期的尚书，他家里的家妓都很有学问，喜欢看书，把张建封的藏书全都"涉猎"一遍，以至于别人借走张建封的书，经常会发现上面有粉指沾染的痕迹。"青编"是"青丝简编"的略语，用青丝串连起来的竹简书，泛指书籍。唐代的妓女真是风雅，千载之下思之，犹令人向往不已。

吕蒙年轻的时候不爱读书，当上吴国的将军后，有一次孙权对他说："如今你已经管事了，要多读读书。"吕蒙以军务繁忙推脱，孙权正色说道："孤岂欲卿治经为博士邪！但当涉猎，见往事耳。卿言多务，孰若孤！孤常读书，自以为大有所益。"吕蒙听从了孙权的劝告，开始苦读，日积月累，读过的书甚至超过了那些宿儒。多年之后，鲁肃再一次见到吕蒙，交谈之后，大吃一惊，亲切地拍着他的背说："卿今者才略，非复吴下阿蒙！"吕蒙回应道："士别三日，即更刮目相待。"二人从此结为好友。从这个关于"涉猎"的故事中还诞生了两个成语：吴下阿蒙，刮目相看。

达

赶着羊轻捷地行走

下有一条路，通达楚与秦 ——白居易

　　"达"这个字的造字思维非常有意思，甲骨文字形❶，左边是"彳"，行走，右边是人和脚，会意为人在路上行走。金文字形❷，脚移到了"彳"的下面，右边上面是人形的"大"，下面是一只羊，会意为人赶着羊在路上顺畅地前行，或者人像羊一样轻捷地在路上行走。金文字形❸，脚移到羊的下面。小篆字形❹，字形规范化了。楷书繁体字形❺，直接从小篆字形演变而来。

　　《说文解字》："达，行不相遇也。"在路上行走而不能互相遇见，可见道路因宽阔而通达，能够供人顺畅地前行。许慎认为这是一个形声字，是从小篆字形得出的，但是从金文字形来看，会意字更为合理。《字林》的解释更有意思："达，足滑也。"走路就像双脚油滑一样快，可以想象一下小羊在路上轻捷蹦跳的样子。

　　"达"既然是通达的意思，那么就可以引申为道路。古人对道路的区分非常详细，《尔雅·释宫》中有详细的对道路的命名，这些命名就是以"达"为单位，指畅通的道路。"一达谓之道路，二达谓之歧旁，三达谓之剧旁，四达谓之衢，五达谓之康，六达谓之庄，七达谓之剧骖，八达谓之崇期，九达谓之逵。"

　　"一达"即一条道路，故作为道路的总称；

③ ④ ⑤

"二达"叫"歧旁"，歧道旁出，即双岔路；

"三达"是指三面相通的道路，因为旁出的歧路更多，故曰"剧旁"；

"四达"叫"衢"（qú），通往四方的道路；

"五达"叫"康"，指通达五方的大路；

"六达"叫"庄"，指通达六方的大路；

"七达"叫"剧骖"，三条道路交会，旁出一条歧路，故称"剧骖"，指通达七方的大路；

"八达"叫"崇期"，"崇"通"充"，充满，"期"的本义是约会，会合，"崇期"指通达八方的大路，因为道路多又四处通达，人充满其上就像在上面会合一样，故称"崇期"；

"九达"叫"逵"，指通达九方的道路，只是今天已经不知道如何算是通达九方了。

白居易有诗："高高此山顶，四望唯烟云。下有一条路，通达楚与秦。""通达"即畅通的道路，这句诗最符合"达"字的本义。也因此而有"四通八达""六通四达"等成语。同时，其中的"五达"和"六达"又组合成"康庄大道"这个成语，统一形容四通八达的道路。白居易《和松树》诗中有这样的诗句："漠漠尘中槐，两两夹康庄。"路旁的槐树相夹的就是"康庄大道"。

"达"的一切引申义，比如通晓事理，比如荐举，比如当作"把意思表达出来"讲的"词不达意"，比如显达，都是从本义引申而来。

❶　　　　　　❷

靠着树在树荫下歇息

南有乔木，不可休思 ——《诗经》

"休"这个字的义项很多很丰富，但本义却很简单。

休，甲骨文字形❶，这是一个会意字，右边是一棵树（木），左边是一个面朝左背靠着树的人，会意为人依傍着大树休息。金文字形❷，人靠着大树的样子更加形象。小篆字形❸，与甲骨文、金文相比变化不大。

《说文解字》："休，息止也，从人依木。"唐代字书《五经文字》说："休，像人息木阴。"这是对"休"字字形更准确的解释。《诗经·汉广》："南有乔木，不可休思。"南方有高大的树木，因为高大而没有树荫，无法在下面休息。请联想一下"休"字的字形，《汉广》中这位劳累的行人遇到的偏生是高大无荫的树木，真是郁闷！

由"休"的本义可以引申出停止、辞职、解除婚姻、休假等义项。更有趣的是，人休息的时候身心放松，没有那么多的思虑，尽情享受着闲暇时光，因此"休"又可以引申出美好、喜悦、吉祥、悠闲等义项。比如《周易》"君子以遏恶扬善，顺天休命。"顺从天子美善的诏命。又比如《诗经·菁菁者莪》："既见君子，我心则休。"见到了那位君子，我心中喜悦。还有休戚与共、休戚相

❸

关的成语，"戚"是忧愁，"休"是喜乐，形容同甘共苦。

古代的休假制度称作"休沐"，沐是洗头发，"休沐"的意思就是放假回家，休息洗头发。鲜为人知的是，五天工作制早在汉代就开始施行了。据《汉律》记载："吏五日得一休沐。"工作五天，可以回家休息，整理一下个人卫生。据《史记·高祖本纪》记载："高祖五日一朝太公，如家人父子礼。"贵为汉高祖的刘邦也照例遵循五天工作制，工作五天之后，放假一天，回家去探望一下自己的父亲。

五天工作制一直延续到唐代，唐代则有所改变，称作"旬休"，即每十天休假一天。"唐法，旬休者一月三旬，遇旬则休沐，即十日一洗沐也。"也就是说，每月的初十、二十和月底各休假一天，施行的是十天工作制。宋朝官吏的休假制度更加宽松，全年的实际休假达到九十八天。明清时期的休假制度则变化较大，休假的时间越来越短，但是工作效率却未必能够提高。古时还有丁忧制度，这是为父母守丧的制度。父母死后，子女要守丧三年，不得做官，不得婚娶，不得赴宴，不得应考。

"退休"一词始见于唐代。韩愈《复志赋序》："退休于居，作《复志赋》。"《礼记·曲礼》规定："大夫七十而致事。"白居易有诗《不致仕》："七十而致仕，礼法有明文。"致事也叫致仕，就是退休的意思，是指把做官的禄位还给国君，即退休之意。明清两代则规定："文武官六十以上者，皆听致仕。"跟今天的退休年龄一样。

《琉璃堂人物图》（局部）

（旧传）五代南唐周文矩绘，南宋佚名摹本，

绢本设色，美国大都会艺术博物馆藏

　　周文矩，生卒年不详，五代南唐画家，建康句容（今属江苏句容）人。工仕女人物，兼擅楼观、山林、泉石及道释人物，仕女人物画尤为著名，风格近于唐代周昉而更为纤丽。

　　《琉璃堂人物图》画的是唐代诗人王昌龄与其诗友李白、高适等在江宁县丞任所琉璃堂厅前举行文会的情景。原画已佚，这幅是宋代摹本。这段画面上，一人凭曲松，似沉吟欲语；一人据湖石，左手执卷，右手秉笔，正支颐凝思。旁有童子磨墨。图左二人坐石上，共执卷，一人指文而读，一人仰面而若有所思。人物皆着唐衣冠，据说倚石构思的文士就是李白。全图着色淡雅，格调清逸，衣纹用笔顿挫转折有颤动之意，此即周文矩首创的"战笔"水纹描。历代文士皆热衷于"雅集"，时任江宁县丞的王昌龄在其任所举办这样的诗友聚会，肯定要挑个"休沐"的日子。凭曲松而立者似为"休"字现身说法呢。

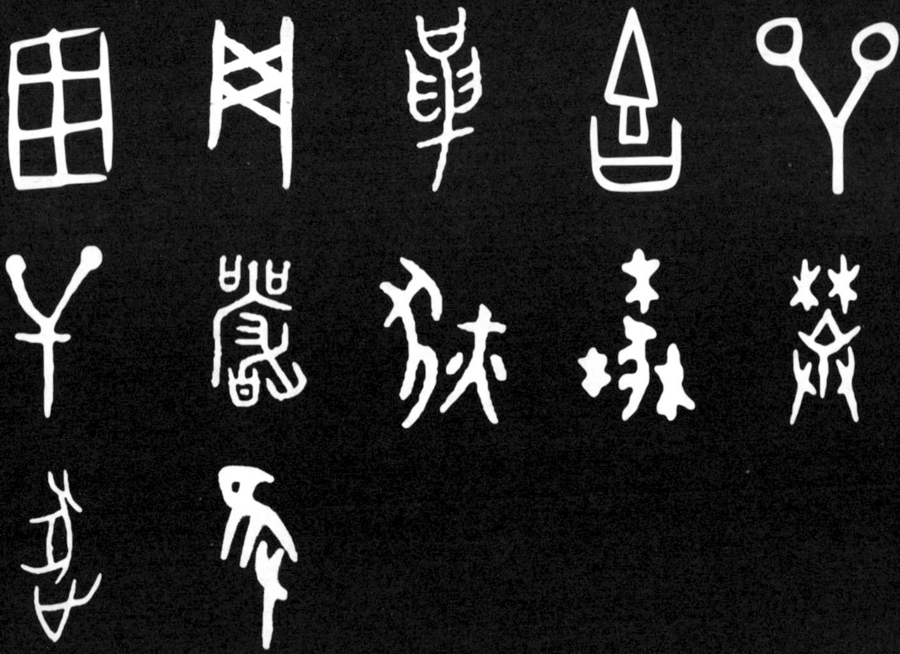

狩猎篇

❶

❷

区域鲜明的狩猎场所

叔于田，乘乘马

——《诗经》

田地，田野，还有哪个字比"田"字的义项更清晰呢？即使从今天的字形来看，这个字也像极了块状的田地。但是，古人的生活远比我们的想象要丰富得多，"田"就是一例。

田，甲骨文字形❶，很明显这是一个象形字，大多数学者都认为像的就是田地之形，四周框住的是田地的四边，中间的横竖线条表示田间的小路，即纵横的阡陌。甲骨文字形❷，中间是两横两竖。甲骨文字形❸，跟今天所用的"田"字一模一样。金文字形❹，白川静先生敏锐地观察到甲骨文的"田"字都呈长方形，而金文的"田"字都呈正方形。小篆字形❺，没有任何变化。

《说文解字》："田，陈也。树谷曰田。象四口，十，阡陌之制也。"张舜徽先生说："树谷之田鳞次比列，阡陌相联，封畛沟洫，有条不紊，故许君直以陈训田。田、陈古同音，《史记·田敬仲完世家》云：'敬仲之如齐，以陈字为田氏。'"这段话牵涉田姓的起源。陈国内乱，陈厉公的儿子陈完逃到了齐国，齐桓公把他封在"田"这个地方，陈完不愿意再以故国为姓，而田、陈古时同音，遂以封地为姓，改姓田氏。段玉裁则说"取其陈列之整齐谓之田"。

那么，"田"的本义果真是耕种的田地吗？徐中

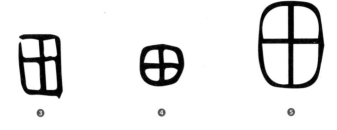

❸ ❹ ❺

舒先生提出了不同的见解，他说："像田猎战阵之形。古代贵族有圃以为田猎之所，圃有菁封以为疆界，亦即堤防，其形方，因谓之防。""田"字的外框就是这种"防"，是为了防止禽兽逃逸出去；"田"字里面的横竖线条表示"防内划分之狩猎区域"。他接着说："围场之防，就田猎言，本以限禽兽之足，就封建言，则为封疆之界，故此古代之封疆，必为方形。而殷代行井田制，其井田之形亦必为方形。此井田乃农耕之田，已非田猎之所。后世不知农田阡陌之形初本田猎战阵之制。"

这段话说得很明白，而且远古人类在农耕之前确实是以狩猎为生的，因此将"田"字释为田猎之所是最有说服力的，农耕之田不过是后来的引申义。徐中舒先生所说的"古代贵族有圃以为田猎之所"，这个"圃"字，朱熹在《孟子集注》中解释说："古者四时之田，皆于农隙以讲武事，然不欲驰骛于稼穑场圃之中，故度闲旷之地以为圃也。"其实是先有狩猎活动，然后才有农耕，朱熹是根据中国古代进入农耕文明之后的情况所做的解说，因而把次序颠倒了。

白川静先生也指出："甲骨文、金文文献中，'田'常指田猎。《书经》《诗经》中亦有'田'义指田猎之用例。"《诗经·大叔于田》是一首描述郑武公的次子共叔段出行狩猎的宏大诗篇，在每段的开篇吟咏道："叔于田，乘乘马。""叔于田，乘乘黄。""叔于田，乘乘鸨。""乘马"指四匹马拉的车，"乘黄"指四匹黄色的马拉的车，"乘鸨"指四匹毛色黑白相杂的马拉的车。下面还有"暴虎"（空手搏虎）、"射"等场景的描写，可见"田"就是田猎，正是用的"田"的本义。

《上林图》（局部）

（传）明代仇英绘，绢本设色长卷，台北"故宫博物院"藏

　　《上林图》卷（或名子虚上林图、天子狩猎图）取材自西汉司马相如的名篇《上林赋》，描绘了天子率众臣在上林苑"田猎"的壮阔场面。整卷分七个段落，卷首是子虚、乌有、亡是三人高谈阔论，接着描绘天子园苑之巨丽，继之天子在车驾仪簇拥下出场，转入校阅士卒在山林间射猎追捕鸟兽的场面。校阅终了，天子与众嫔妃在高台上宴乐，忽然省悟不该如此奢侈纵逸，于是罢猎回宫。

　　据载，最初是昆山巨富周凤来延聘仇英绘此巨幅长卷，作为母亲八十大寿的礼物。该画后来被大量复制，可见其受欢迎程度。这幅即为摹本之一。画面用笔工细，设色浓丽，以精谨造型描绘奇花异卉、巍峨宫殿与迤逦人马，展现天威浩大。上图选取的是天子校阅士卒猎捕鸟兽的片段，青绿山水，工笔重彩，与汉赋原作之铺张扬厉相得益彰。

❶ ❷

两根棍子夹着中间的网

今天我们使用的"网络"，其形象就跟"网"字刚造出来的字形一模一样。

网，甲骨文字形❶，这是一个象形字，两边用两根棍子插在地上，中间是一张网。金文字形❷，加以简化，中间的网眼儿空隙很大。小篆字形❸，更像一张张开的渔网。其繁体的小篆字形❹，不仅增加了一个"糸"字旁，表示渔网是用"丝"结成的，而且还添加了一个"亡"字表声，如此一来就变成了一个形声字，而且字形变得极为繁复。楷书繁体字形❺，把"糸"字旁移到了网的外面。简化后的字体又接近了"网"字的甲骨文字形。

段玉裁注《说文解字》："网，庖牺氏所结绳以田以渔也。"庖牺氏就是伏羲，是中华民族的人文始祖，相传他结绳为网，用来捕鸟打猎，并教会了人们渔猎的方法，因此许慎才说"庖牺所结绳以渔"。《周易·系辞》也有记载："古者包羲氏之王天下也……作结绳而为网罟，以佃以渔。"罟读作 gǔ，古人分类很细：捕鱼的网叫罟，捕鸟兽的叫网。《盐铁论》中说："网疏则兽失。"可以从中看出"网"和"罟"的区别。后来"网"和"罟"都泛指网，不再作这么详细的区分了。

221

③ ④ ⑤

　　再仔细区分的话，"网"捕兽，"罗"捕鸟，"罗网"或"网罗"合成捕捉鸟兽的工具。《老子》有名言："天网恢恢，疏而不失。"上天的罗网广大无边，虽然稀疏，但却绝不会有漏失，因此"网"又可以引申为法网。我们现在说的"关系网"也是从"网的组织之细密"引申而来的。

　　商代开国国君叫汤，是一个仁义之人。有一次外出，他看到野外有人张开四面的网捕捉鸟兽，嘴里还念念有词地祷告："自天下四方皆入吾网。"愿天下四方的鸟兽都进入我的罗网。汤觉得这个人太残忍，于是上前劝道："你这样会把鸟兽全捕光的！你撤掉三面网，只用一面也能捕到鸟兽。"那人表示怀疑，汤接着说："你留下一面网，然后祷告：'欲左，左；欲右，右。不用命，乃入吾网。'鸟兽啊！你想从左边走就往左边走，想从右边走就往右边走，不听从我的命令的，那就撞进我的网来吧！"于是那人照做了。

　　天下的诸侯听说了汤的这件义举，感动得五体投地，都说："汤德至矣，及禽兽。"汤的德行真是达到了极点啊，甚至连禽兽都这么爱护，真是圣人啊！于是纷纷前来归顺，前后总共有四十六国之多。夏朝在位的国君桀却是贪酒好色之徒，拿人命当儿戏，又时常剥削民力，使农事荒废，以至于天怒人怨，老百姓对桀痛恨到了极点，喊出了"是日何时丧？予与女皆亡"的最强音。于是汤乃顺天命，应人心，讨伐夏桀，诸侯归服，平定海内。后人就用"网开三面"比喻法令宽大，恩泽遍施，能够给罪犯一条新的出路。

《彩绘帝鉴图说》(Recueil Historique des Principaux Traits de la Vie des Empereurs Chinois)
之 "解网施仁"
约 18 世纪，法国国家图书馆藏

　　"解网施仁"描绘了成汤网开三面，施仁于鸟兽的故事。画面上，青绿设色的崇山峻岭之间，宝蓝伞盖下，着华服的成汤似在拱手祷告或劝解。左边山坡上，捕猎的人听了成汤的劝告，正在解除已经四面围好的猎网。另有一些小民俯身叩拜，似感动于成汤的仁德。四匹骏马拉的车驾连同随从等候在一角。《帝鉴图说》的编者张居正在这个故事后面评论说："盖即其爱物，而知其能仁民，故归之者众也。"张居正恐怕绝没想到，他一心辅佐的少年天子万历皇帝，在他死后两年就给他扣上"擅权乱政"的罪名，不仅被抄家，府中一些老弱妇孺因为来不及退出被封闭于内，饿死十余口。这与"解网施仁"的教导何其背向而驰。

❶　　　　　❷

双手把兽皮剥下来摊平

汤武革命，顺乎天而应乎人

——《周易》

"革"这个字有两大类义项：作名词，比如皮革；作动词，比如变革。仅仅从字形上来看，根本无法看出跟这两大类义项有任何关系，那么，这个字到底是怎么造出来的呢？

甲骨文中还没有发现"革"字，金文字形 ❶，是不是一个很有趣的汉字？左右两边是两只手，象形特征一目了然；中间这部分表示什么？原来，这是一张完整的兽皮，上为兽头，中为兽体，下面的一横是常用的指事符号，截然区分开兽尾和兽身。整个字形会意为用双手将兽皮剥取下来，并摊开展平。

曲六乙、钱茀两位学者所著《东方傩文化概论》一书中则认为两边并非双手之形，"应为肉，或手与肉。既然两侧是手与肉，则中间应当是铲。不过，不一定是平头铁铲，更可能是原始有柄石铲。因为，那时还没有铁"，并进而认为中间下面的一横乃是"捆绑木柄与石铲的横棍"，"由此可见，革与剖兽取皮有关，可以说它是狩猎生产的最后一道工序"。

革，小篆字形 ❷，两边的双手讹变得很厉害，以至于完全看不出造字的本义了。《说文解字》："革，兽皮治去其毛，革更之。"张舜徽先生在《说文解字约注》

一书中进一步解释说："纯像兽皮首尾四支之状。今猎人得兽，剥取其皮张之，正此形也。"所从的双手之形"则像两手治之之事。治皮去毛曰革，因之更改亦曰革"。

综上所述，"革"的本义就是摊开兽皮，去毛，加以整治，引申为更改、变更。"革"的这一引申义所引起的最大误解体现在人们耳熟能详的"革命"一词中。一提起"革命"，人们脑海中立刻就会浮现出杀人流血的恐怖场景，其实大错特错。

《周易》中有"革卦"，其中写道："天地革而四时成，汤武革命，顺乎天而应乎人。革之时大矣哉！"

孔颖达注解说："天地之道，阴阳升降，温暑凉寒，迭相变革，然后四时之序皆有成也。"也就是说，所谓"天地革"，不过是形容阴阳交替，四季变更。"夏桀殷纣，凶狂无度，天既震怒，人亦叛亡。殷汤周武，聪明睿智，上顺天命，下应人心，放桀鸣条，诛纣牧野，革其王命，改其恶俗，故曰'汤武革命，顺乎天而应乎人'。"也就是说，所谓"汤武革命"，革的是天命，改变的是夏、商的"恶俗"，革的绝不是人命。四季变更是大自然的现象，天命变更则是与之相对应的人间的现象。因此，"革"从无杀掉之意，"革命"也绝非杀人。

古人对事物分类之细，也体现在对兽皮的不同称谓上，王力先生在《王力古汉语字典》中有详细的辨析："去毛的叫革，有毛的叫皮，但'革'也可以指皮……生皮叫革，熟皮叫韦。"

立有标志的陷阱

有女怀春，吉士诱之 ——《诗经》

❶　　❷　　❸

"吉"大概是引起争议最多的汉字之一，尤其是甲骨文发现以来，学者们众说纷纭，迄今未有定论。《说文解字》："吉，善也。从士口。""从士口"为什么就能表达"善"的意思呢？这是没有见过甲骨文的许慎所无法自圆其说的。我们来看看学者们都是怎么解说这个字的。

吉，甲骨文字形❶，很明显这是一个会意字，但是上下两个字符都代表什么东西，会意的又是什么意思呢？徐中舒先生在《甲骨文字典》中列举了前辈学者的几种解说。

一、"郭沫若以为像牡器。"所谓"牡器"是指雄性生殖器。谷衍奎《汉字源流字典》就是根据这个观点总结说："是容器里盛有一个士（男性生殖器）形玉器的形象，表示正在举行一个求福的祭典。俗称小男孩的生殖器为'吉巴'，可证'士'为雄性生殖器形。"

二、"于省吾尝谓像句形，下从之口为筥卢。"所谓"筥（qū）卢"是指盛饭器。

三、"吴其昌谓吉皆像一斧一砧之形。"

以上三种解说何以能够会意为善和吉利之义？颇

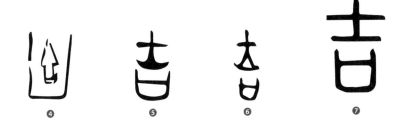

④　　⑤　　⑥　　⑦

为牵强。

白川静先生认为上面"乃小钺头刃部向下之形"，钺是一种类似大斧的兵器，"具有肃清邪恶之力"；下面的口形是"置有向神祷告的祷辞的祝咒之器"。整个字形会意为在此祝咒之器上"置放神圣之钺，用来保护祈祷的效果"，这就叫"吉"。"在钺的庇护下，祈祷产生积极效果，心愿得意实现，人们变得幸福，充满吉祥，因此'吉'有吉利、幸福、吉庆等义。"

张舜徽先生的解说最为我所信服。他的训诂方法是吉、凶相对，因此二者的本义相关。"凶像地穿交陷其中，吉之得义，亦适与此相反。""凶"字外面的字符即陷阱之形，陷阱上用树枝、杂草、泥土遮盖起来，野兽一踩就掉了进去；里面的叉形就是树枝掉进陷阱中的象形。"坑既掩盖，又恐人行经过误堕其中，于是为立标识于上，使人觉察而勿近焉，此吉义之所由生也。"据此则"吉"的字形中，下面是陷阱之形，中间的一横表示掩盖物，上面的字符"乃所立标识之物所以告人者也。其物或为木牌，或用树枝，均无不可"。

吉，甲骨文字形 ❷ 和 ❸，上面的东西真像标识之物。金文字形 ❹，与"凶"字外面的陷阱之形何其相似！金文字形 ❺，上面讹变为"士"，为"吉"字的定型打下了基础。金文字形 ❻，上面讹变为人形。小篆字形 ❼，张舜徽先生感叹道："自篆书过求匀整，变为从士从口，而造字时之原意亡矣。"

　　掉进陷阱为"凶"，那么避过陷阱当然为"吉"，这就是"吉"的本义：吉利。"善"只是引申义。《诗经·野有死麕》篇中的名句"有女怀春，吉士诱之"，"吉"就作为"士"的美称。"诱"不是引诱，而是引导，此处是指这位"吉士"用白茅包着猎获的麕（jūn，獐子）向怀春的女子求婚。

❶　　　　❷　　　　❸

鬼神之祭单席 ——《礼记》

像弹弓一样的狩猎工具

"单"是汉字中争议非常大的一个字，张舜徽先生在《说文解字约注》一书中总结得很全面："自来说此字者，言人人殊。孔广居以为觯之古文，徐灏以为箪之本字，王廷鼎谓为古旃字，谢彦华谓为古鼍字，林义光谓为古蝉字，丁山谓为古干字，马叙伦谓即古车字，各执所见，莫能定也。"争议如此之大，那么"单"一定是个非常有趣的字。

单，甲骨文字形❶，很明显这是一个象形字，下面是丫形的木棍，木棍分叉的两端绑上两块石头，作为原始的狩猎工具，比如"狩"和"兽"的原始字形中就含有这个字符。即使在今天，孩子们经常玩的弹弓还和这个字形显示的工具极其相似。这个字形跟"干"是同源字，因此也用作武器，比如"战"和"弹"的原始字形中就包含有这个字符。

单，甲骨文字形❷，下面添加的一横表示用绳索绑起木棍。甲骨文字形❸，下面添加的一个方形像用绳索绑缚的另一块石头，为的是增加重量和力量。白川静先生则认为这个字形像"椭圆形盾牌之形。上部插有两支羽饰。部族不同，盾牌的形状、模样、饰物则不同"。甲骨文字形❹，下面石头中间的一横就代表绳索。金文字形❺，完全和甲骨文相同。金文字形❻，中间再次强

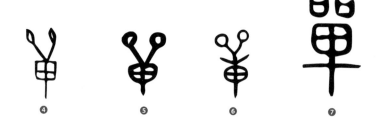

❹   ❺   ❻   ❼

调绳索之形。这个字形真是非常漂亮！小篆字形❼，上面讹变为两个"口"。

《说文解字》："单，大也。"段玉裁认为"当为大言也，浅人删言字"。段玉裁的释义即是由小篆字形上面讹变而成的两个"口"而来，这是错误的。段玉裁又说："《尔雅》《广雅》说大皆无单，引伸为双之反对。"同样牵强附会。"单"的字形就是"一个"捕猎工具，由此引申为单双之"单"。

《尚书·吕刑》篇中有这样一段话："今天相民，作配在下，明清于单辞。"有人根据许慎"单，大也"的释义，把"单辞"解释为大词，即夸诞之辞。这是错误的。孔颖达解释说："单辞谓一人独言，未有与对之人。讼者多直己以曲彼，构辞以诬人，单辞特难听，故言之也。"诉讼中没有对质或者没有证据的单方面言辞叫"单辞"。这段话的意思是：如今上天扶助百姓，国君作为配合，应当明白清察诉讼中的一面之词。

《礼记·礼器》中规定："鬼神之祭单席。"古人席地而坐，地上铺席，富贵者席皆数重，所谓"重茵厚席"，而祭祀鬼神只需一重席即可。孔颖达解释说："神道异人，不假多重自温，故单席也。"鬼神一重席就能保持温暖，因此不需要多重。

我们今天使用的名单、账单、菜单等称谓，即是由一重、一层引申而来，指供记录的一张纸片，合订而为册。至于"单位"之称，原是佛教语，指僧人坐禅之处。《敕修百丈清规》中有"须先归单位坐禅"的规定，僧人的坐床上贴有自己的名字，一人占一位，故称"单位"。

❶

干

绑着尖锐石片的狩猎工具

赳赳武夫，公侯干城

——《诗经》

"乾"用于乾湿、乾燥之意，"幹"用于树干、枝干之意，如今都统一简化为"干"。不过，"干"字自有其本义，这是需要事先说明的。

干，甲骨文字形 ❶，可以看得很清楚，这是一个带有丫形分枝的工具。徐中舒先生在《甲骨文字典》中有详细的辨析："干应为先民狩猎之工具，其初形为丫，后在其两端傅以尖锐之石片……复于两歧之下缚重块……遂孳乳为单……丫、单为一字之异形。"也就是说，这个字形分枝上面的两个圆点代表"尖锐之石片"，如果两个分枝的下面再绑缚很重的石块就变成了"單（单）"，因此"干"和"单"是同源字，都是狩猎工具。

杨树达先生则在《积微居小学述林全编》中说："像器分枝可以刺人及有柄之形。"也就是说，从狩猎工具用于战争的兵器。

清代学者徐灏和近代学者林义光都认为"干"是"竿"的古字。杨树达批评说："不悟竿为竹梃，不得为兵器。"陆思贤先生在《神话考古》一书中也认为这是一根杆子的象形，不过乃是"最简化的羊角柱……羊角柱的两个角端画圆点，表示眼睛，但已不清楚它原来作为图腾柱的本义"，他猜测是用于历法意义上的"立杆测影"。

❷

❸

干，金文字形 ❷，大同小异。小篆字形 ❸，上面的分枝之形有所讹变。《说文解字》："干，犯也。""干"的本义是狩猎或进攻所用的武器，引申而为侵犯。有趣的是，"干"由进攻的兵器转而演变为防御的兵器，正如西汉学者扬雄所著《方言》载："自关而东或谓之戭，或谓之干。关西谓之盾。""戭（fá）"也指盾牌。

《诗经·周南》中有一首名为《兔罝》的诗篇，"兔罝（jū）"即捕兔之网。第一章吟咏道："肃肃兔罝，椓之丁丁。赳赳武夫，公侯干城。"台湾学者马持盈先生在《诗经今注今译》一书中的白话译文为："把严密的兔罝撒开，用木橛把它钉在地上，可以捕获兔子，就好像赳赳的武夫，可以防御外患，作公侯的干城似的。"

干城，孔颖达注解说："言以武夫自固，为扞蔽如盾，为防守如城然。""干"就是扬雄所说的盾牌，"干城"即防御的盾牌和城墙。

不过，在为《春秋公羊传·定公十二年》所做的注中，东汉学者何休还有这样的释义："天子周城，诸侯轩城。轩城者，缺南面以受过也。"意思是说：天子有四面城墙，诸侯则缺其南面，称为"轩城"，表示随时受过。清代学者马瑞辰在《毛诗传笺通释》中认为"干城当即轩城之省"。

但《兔罝》一诗以"肃肃兔罝，椓之丁丁"的打桩设网狩猎的行为起兴，接着引出"公侯干城"的赞美之辞，正对应"干应为先民狩猎之工具"的判断，因此，"干"的本义，这首诗是一个极佳的佐证。

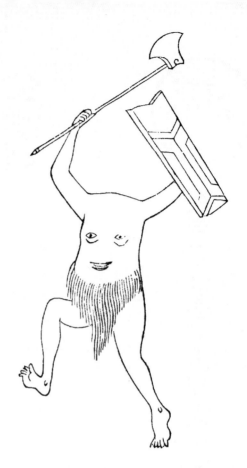

《山海经广注》插图"刑天"
清代吴任臣注，金阊书业堂藏版，
清乾隆五十一年刊本

  《山海经》全书十八卷，是一部记载中国古代神话、地理、植物、动物、矿物、物产、宗教、医药、民俗、民族的著作。《山海经》成书非一时，作者亦非一人，大约是从战国初年到汉代初年楚人所作，到西汉校书时合编在一起。

  吴任臣，清代学者兼藏书家，仁和（今浙江杭州）人。吴任臣的《山海经广注》，引书目五百三十余条，于名物训诂、山川道里，皆有所订正，其中插图按神、兽、鸟、虫、异域分类，一神一图，无背景，线条粗糙，但注重眼睛的描绘，比其他版本的插图显得雅洁。这幅描绘的是《海外西经》中的"刑天"，书中记载："刑天与帝争神，帝断其首，葬之常羊之山，乃以乳为目，以脐为口，操干戚以舞。"画面上刑天没有头颅，一手持斧（戚），一手持盾（干），似乎正在与看不见的敌人猛烈厮杀。陶渊明《读山海经》："刑天舞干戚，猛志固常在。"赞颂刑天虽然失败，仍然战斗不已，是中国传统文化中仅见的一个悲剧性战神形象。

❶ ❷

在岩石众多的山间大声吆喝着捕猎

家人有严君焉，父母之谓也 ——《周易》

清代学者梁章钜在《称谓录》中写道："《易·家人》'有严君焉'，今对人自称其父曰'家严'，盖本于此。""严君"的称谓出自《周易·家人》："家人有严君焉，父母之谓也。"本来是对父母的通称，但因为古人有父严母慈的观念，因此"严君""家严"后来专指父亲。那么，"严"这个字是怎么造出来的，为什么可以作为父亲的尊称呢？

"严"的繁体字是"嚴"，金文字形❶，可以看得很清楚，下面是"敢"。"敢"的本义是"双手持干刺豕"的勇敢举动。"敢"上面的字符，小篆写作"厂"，乃是山崖之形，但仔细研究金文字形，却并非"厂"。复旦大学裘锡圭教授认为是"人"的变形，上面的两个"口"则表示很多张嘴，意为"多言"，也就是话多。

这几个字符组合在一起，到底表达的是什么意思呢？我认为这是古时猎获野猪的场景的生动呈现：一人或多人手持"干"形器具刺击野猪，其他的人则分散在四处，大声吆喝，把乱窜的野猪驱赶到包围圈中。"嚴"的上面加个"山"是为"巖（岩）"，表示在岩石众多的山间捕猎。猎获野猪，或作为肉食，或驯化为家猪，这一幕场景经常出现，因此才以此造字，引申而指事态

❸

❹

紧急、严厉，再引申而用来形容威严之态，可比拟于父亲。

严，金文字形 ❷，大同小异。金文字形 ❸，上面是三个"口"，更体现出"多言"之意。正如对"敢"字的误解一样，白川静先生同样错误地释义为："'厂'形示山崖。'敢'表示用枓舀取鬯酒（祭神用的香酒）清被祭坛。人们相信，神灵居住于巉岩之处。山岩前放置两个口（置有向神祷告的祷辞的祝咒之器），毕恭毕敬地举行招神仪式，谓'嚴'，有恭敬、严谨、庄严、威严、严格诸义。举行仪式的场所称'巖（岩）'。"

严，小篆字形 ❹，许慎根据这个字形在《说文解字》中释义为："严，教命急也。"意思是训诫、命令非常紧急。张舜徽先生在《说文解字约注》一书中解释说："命自上颁，不容怠缓也。故严字自有高义尊义。"如上所述，这并非"严"的本义，而是引申义。

"严"还有一个十分有趣的通假字"儼（俨）"，今天还常常使用"俨然"一词，意思是好似、很像。这一义项也从对父亲的尊称而来。郭沫若先生在《金文丛考》中有详细的解说："《孝经·圣治章》：'孝莫大于严父，严父莫大于配天，则周公其人也。昔者周公郊祀后稷以配天，宗祀文王于明堂以配上帝。'邢昺注严父为'尊严其父'……《释文·释言语》：'严，俨也，俨然人惮之也。'灵魂不灭，俨然如在，故谓之严。严父者，神其父也。"

父亲虽已身故，但灵魂不灭，就好像还活着一样，子女仍然还要又敬又怕。"严父"即是这一神化的称谓。

❶　　　　　　❷

狄

一个猎人带着一条狗

北辟之民曰狄，肥以戾

——《大戴礼记》

"狄"即北狄，是中原地区以北诸民族的总称，有五狄、六狄、八狄等不同历史时期的分类。应劭在《风俗通义》（佚文）中记载了五狄的名称："北方曰狄者，父子叔嫂，同穴无别。狄者，辟也，其行邪辟。其类有五：一曰月支，二曰秽貊，三曰匈奴，四曰单于，五曰白屋。"

所谓"父子叔嫂，同穴无别"，是指父子、兄弟同妻的现象，即《史记·匈奴列传》中的记载："父死，妻其后母；兄弟死，皆取其妻妻之。"这本是原始社会特有的婚姻形式之一种，中原地区只不过文明化的程度较早，就以"礼义"自居，视文明开化较晚的周边民族为"邪辟"。

狄，甲骨文字形❶，左边是一条看起来就非常凶猛的大狗，右边是一个"大"，"大"即正面站立的人形。这个字形的意思是一个人带着一条狗。金文字形❷，左边还是狗，右边变成了"亦"字。"亦"是在正面站立的人形两旁添加了两点，表示这是人的腋下，是"腋"的本字，因此这个字形的右边仍然指人。金文字形❸，小篆字形❹，右边皆讹变为"火"，这也就是我们今天所使用的"狄"字。

236

❸ ❹

徐天宇先生在《"夷""狄""戎"字例解释》一文中，根据这个字形认为："'狄'字在古代指少数民族地区的一种红毛猛犬，从'火'应是指示它的皮毛色泽如同火一样……在狄的族称出现以后差不多一百年间，又出现了赤狄、白狄、长狄等许多称号，可见用猛兽'狄'称呼少数民族既生动表明了其剽悍、勇猛的性格，又带有中原地区对外族的蔑视。"

这一说法不符合"狄"的字形演变的轨迹。"火"不过是"大"或"亦"，也就是正面站立的人形的讹变而已。

《说文解字》："狄，赤狄，本犬种。狄之为言淫辟也。"戴侗则解释说："戎狄之人，生于深山貙虎之乡，故狄、貊、玁狁，从犬从豸；蛮越之人，生于虫蛇之乡，故闽、蛮、巴蜀，皆从虫；犹荆楚以草木名也。"

"貙（chū）"是一种似狸而大的猛兽；"貊（mò）"是一种像熊的猛兽，五狄之一的秽貊即以此命名；"玁狁（xiǎn yǔn）"也是北狄的一支；"豸（zhì）"本指狸、虎之类的长脊兽，后引申为体长而无脚的蚯蚓之类爬虫。

张舜徽先生在《说文解字约注》一书中有力地驳斥了这种基于华夷之辨的错误观点："北人多事游猎，故狄字从犬，谓常以犬自随也。此犹西方安于畜牧，故羌字从人从羊耳。许书沿袭俗论，以犬种释狄，固已大谬；又申之以淫辟义，尤为无据。"

综上所述，"狄"字的本义就是：北方的游牧民族总是带着凶猛的猎犬，因为猎犬乃是游牧生活中最重要的助手和伙伴。

《礼记·王制》中描述说："北方曰狄，衣羽毛穴居，有不粒食者矣。"正是游牧民族的习性。《大戴礼记·千乘》中也描述说："北辟之民曰狄，肥以戾，至于大远，有不火食者矣。""肥以戾"是个很有趣的说法，肉食者肥，"戾（lì）"则形容凶猛，这正是游牧民族的特点。

　　这就是北方民族之所以称"狄"的来历，只不过是游牧生活的如实写照，最初并非蔑称。

《元世祖出猎图》

元代刘贯道绘，绢本设色，

台北"故宫博物院"藏

刘贯道，生卒年不详，字仲贤，中山（今河北定县）人，约在元世祖至元年间 (1264—1294) 在世，元初宫廷画家。他兼善道释、人物、鸟兽、花竹、山水，堪称一时高手。

《元世祖出猎图》作于1280年，描绘了元世祖一行赴塞外戈壁狩猎的情景。画中黄沙浩瀚、朔漠无垠，远处沙丘外正有一列骆驼驮队横越。近处人骑数众，或张弓射雁，或手架猎鹰，或马驮文豹，皆为马上行猎之状。居中身着红衣白裘、骑乘黑马者，应为元世祖，与其并驾的妇女，似为帝后。侍从中有中亚黑奴一名。元代多民族杂居共处，由此作亦可见一斑。此时远方天际飞来两只鸿雁，画面左侧一骑士旋身弯弓，蓄势待发。众皆注目。一只极瘦而矫健的黄色猎犬在众骑中逡巡，连它也回头张望。

驯兽是游牧民族围猎过程中必不可少的狩猎助手。这幅出猎图描绘的狩猎队伍中，两位蒙古骑士右手架鹰，一胡族骑士马驮文豹，再加一只猎犬相从，可以说装备十分齐整。

莽

狗在又密又深的草丛里奔逐

❶　　　　　　❷

"莽"这个字今天使用最多的义项是卤莽、莽撞，形容人做事粗率、冒失，相信读者朋友的脑海中立刻就会浮现出一个"莽汉"的模样。但其实这个字刚造出来的时候，形容的却不是莽汉，而是"犬"。

莽，甲骨文字形❶，中间是"犬"，犬的身边是三棵草，表示犬在草丛里奔逐。甲骨文字形❷，大同小异。金文字形❸，变成上下结构，也更为规范。小篆字形❹，用四棵草围住了一条犬。今天使用的"莽"字，下面的"廾"是草形的讹变。

《说文解字》："莽，南昌谓犬善逐兔草中为莽。"段玉裁注解说："此字犬在茻中，故称南昌方言说其会意之旨也。引申为卤莽。"张舜徽先生在《说文解字约注》一书中进一步解释说："犬逐兽草中，奔突躁率，草为之乱。故今语称人之言动粗率者曰莽撞，犹卤莽也。"

扬雄在《方言》中载："草，南楚、江、湘之间谓之莽。"因此，"莽"的本义即指密生的荒草或草木深邃之处，之所以用犬来会意，不过是形容荒草又密又深，犬或其他野兽在其中奔突，不容易找到路而已。《左传·哀公元年》有"暴骨如莽"的描述，杜预注解说：

❸

❹

"草之生于广野，莽莽然，故曰草莽。"士兵的尸骨来不及掩埋，暴露在野外，就像密密麻麻的荒草一样。

那么，为什么要用"卤莽"来组词呢？看看"卤"的繁体字"鹵"就明白了：里面的 × 形和四个黑点像盐粒的形状，外面是盛盐的器具，因此"卤"的本义即产盐之地；而盐碱地上是长不出庄稼的，只能长荒草，盐碱地上的荒草就叫作"卤莽"。扬雄所作《长杨赋》中吟咏道："夷坑谷，拔卤莽，刊山石。"唐代学者李善注解说："卤莽，中生草莽也。"这是描述汉武帝出兵攻打匈奴的情形：平坑谷，拔荒草，削山石。

庄子在《则阳》篇中讲过一个故事："长梧封人问子牢曰：'君为政焉勿卤莽，治民焉勿灭裂。昔予为禾，耕而卤莽之，则其实亦卤莽而报予；芸而灭裂之，其实亦灭裂而报予。予来年变齐，深其耕而熟耰之，其禾蘩以滋，予终年厌飧。'"

"熟耰（yōu）"指反复耕作。长梧这个地方守护封疆的人对子牢说："你处理政事不要卤莽，治理百姓不要草率。过去我种庄稼，耕作很卤莽，结果收获时获得的回报很差；除草时粗疏，结果收获时获得的回报也很差。第二年我改变了方法，深耕细作，禾苗茂盛成长，我得以终年饱食。"

这里的"卤莽"一词，诸家都注解为粗率或浅耕稀种，不过，下文中庄子还说了一句话："故卤莽其性者，欲恶之孽，为性萑苇蒹葭。"意思是：因此对本性卤莽的，生长恶欲，就像芦苇一样遮蔽本性。"萑（huán）"、苇、蒹葭都是芦苇一类的野草，将"卤莽"与之作比，可见"卤莽"也是荒草。因此，"昔予为禾，耕而卤莽之，则其实亦卤莽而报予"的正解就是：过去我种庄稼，像对待荒草一样耕作，得到的收获也像荒草一样。

最有趣的是"莽大夫"的称谓。"莽大夫"不是比喻卤莽的大夫，而是特指王莽的大夫扬雄。南宋学者朱熹在《资治通鉴纲目》一书中如是说："莽大夫扬雄死……莽臣皆书死，贼之也；莽大夫多矣，特书扬雄，所以深病雄也。"讥刺扬雄仕汉而晚年转仕王莽为大夫。这是朱熹的不公正之词，但对后世影响很大，"莽大夫"因此用来比喻变节转仕新朝的人。

焚

 ❶

 ❷

 ❸

手举火把烧山林

焚咸丘

——《左传》

"焚"即焚烧，这是今天使用的唯一义项。但是这个字刚造出来时所表达的含义，历代学者们多有争论，而且本义也并非焚烧这么简单。

焚，甲骨文字形❶，下面不是"山"，而是"火"；上面是两"木"，即"林"。甲骨文字形❷，左下角添加了一只手，表示用手举着火把。甲骨文字形❸，下面增繁为两只手。金文字形❹，定型为上"林"下"火"的结构。小篆字形❺，与"野"字一样，属于画蛇添足之举，上面本来一个"林"足可说明问题，偏偏增繁为这个样子。

《说文解字》："焚，烧田也。"烧田的目的是什么？过去的学者们多认为就是烧田耕作法，即粗耕农业的写照。比如农史学家万国鼎先生在《商民族之农业》一文中写道："商民族已达农业时代，惟去游牧之时未远，农业技术殊为幼稚，耕种之先，用烧田法开辟农田，继续栽种，不知施用肥料，逮若干年后，地力消失，则弃之而另辟新地。"

这一论断成为学者们的主流观点，直到一九四四年，甲骨文大家胡厚宣先生发表名篇《殷代焚田说》，根据

④　　　　　　⑤

甲骨文中"焚"字的用法，指出殷人烧田，只是为了狩猎，并非耕作之法。比如甲骨卜辞中屡屡有"焚禽"以及"焚"后获各种野兽的记载，因而得出"殷人常烧草以猎兽"的结论，并进一步解释说："旧籍凡言'焚''烧田'以及'火田'者，无一不指烧草以猎兽而言也。"

　　其实，"田"字刚造出来的时候，并非指种植农作物之田，而是指狩猎之田，因此狩猎则称"田猎""田狩"。许慎所说"烧田"，烧的就是田猎之田。《尔雅·释天》中则解说得更清楚："火田为狩。"

　　《左传·桓公七年》中有这年春天二月"焚咸丘"的记载。咸丘是鲁国地名。杜预注解说："焚，火田也。"孔颖达进一步解释说："以火焚地，明为田猎，故知焚是火田也。"有的读者朋友可能会觉得奇怪，这算什么大事儿，为什么偏偏要记这一笔？这是因为古时对田猎的时令有着严格的限制。

　　《礼记·王制》中规定："昆虫未蛰，不以火田。""蛰（zhé）"即蛰藏，动物冬眠，藏起来不食不动。也就是说，初入冬，动物冬眠之后才可以烧田狩猎。

　　《礼记·月令》中规定："仲春之月……毋竭川泽，毋漉陂池，毋焚山林。"仲春是春季的第二个月，即阴历二月。这个月不准过度从川泽和陂（bēi）池里引水，以免水源干涸；这个月动物还不到壮大的季节，因此也不准焚烧山林狩猎。

而《左传·桓公七年》竟然在仲春之月"焚咸丘"，杜预注解说："讥尽物。"孔颖达进一步解释说："不言蒐狩者，以火田非蒐狩之法，而直书其焚，以讥其尽物也。"春天狩猎称"蒐"，意思是仅仅搜取不孕的动物；而"毋焚山林"的季节却"焚咸丘"，用一个烧田狩猎的"焚"字，意在讥刺"尽物"（赶尽杀绝）之举，这就是所谓"春秋笔法"。

逐

❶

❷

奔跑着追捕野猪

断竹续竹，飞土逐害——《吴越春秋》

杨树达先生在《积微居甲文说》一书中写道："追必用于人，逐必用于兽也。"这是"追"和"逐"的最大区别。

逐，甲骨文字形❶，下面是一只左脚，上面是一头猪。这头猪显然是野猪，因此才会被人追猎。甲骨文字形❷，上面是一只犬。"犬"和"豕"字形相近，区别在于：犬瘦腹长尾，豕大腹短尾。甲骨文字形❸，上面是一头美丽的鹿。请回想一下《史记·淮阴侯列传》中的名句："秦失其鹿，天下共逐之。"甲骨文字形❹，上面是一只兔子。《慎子》中有"一兔过街，百人逐之"之语，乃是"过街老鼠，人人喊打"这一俗语的语源。

罗振玉先生解释说："此或从豕，或从犬，或从兔，从止，像兽走圹而人追之，故不限何兽。""圹（kuàng）"指原野。

逐，金文字形❺，上面定型为"豕"，下面则增饰为"辵（chuò）"，奔走、疾走之意。小篆字形❻，变成左右结构。《说文解字》："逐，追也。"值得注意的是，"逐"字反映的虽然是先民们捕猎野兽的场景，但所追逐的都是野猪、野狗、鹿和野兔，并没

③　　　　　④　　　　　⑤　　　　　⑥

有大型猛兽,这说明大型猛兽无法用"逐"的方式捕获,同时也说明"逐"得的动物可能是用于驯养的目的。

《吴越春秋·勾践阴谋外传》中记载了善射者陈音和越王勾践的一段对话,陈音说:"古者人民朴质,饥食鸟兽,渴饮雾露,死则裹以白茅,投于中野。孝子不忍见父母为禽兽所食,故作弹以守之,绝鸟兽之害。故歌曰'断竹续竹,飞土逐害'之谓也。"

陈音所引的古歌又名《断竹歌》或《断竹黄歌》,也写作"断竹续竹,飞土逐肉","断竹"指砍断竹子,"续竹"指制作弹弓,"飞土"指发射土丸,"逐肉"当然就是指追逐野兽。北宋大型类书《太平御览》卷七百五十五引《谈薮》曰:"弹状如弓,以竹为弦。"卷三百五十引东汉李尤《弹铭》曰:"昔之造弹,起意弦木。以丸为矢,合竹为朴。漆饰胶治,弗用筋镞。"意思是说制作弹弓比制作弓箭要简单得多,不需要用兽角做弓,用坚韧的兽筋做弦。

俞平伯先生则认为所谓"断竹续竹",是把竹子分成同样长度的两小段,用牛筋等连接起来,牛筋中间有一小圆槽,用来安放弹丸。

在和越王勾践的对话中,陈音将此歌定义为"孝歌",上古时期实行薄葬,孝子做弹弓以守护父母尸体。因此有学者认为从民俗的意义上来说,这首歌是后人筑庐守陵的萌芽。不过从歌的内容来看,更像一首原始狩猎之歌,所反映的就是先民们制作弹弓、追逐野兽的情景,也正是"逐"的本义。

获

伸手去捕鸟

彼有不获稚，此有不敛穧

——《诗经》

❶　　　　　　　　❷

获，甲骨文字形 ❶，这是一个会意字，最早的古字其实就是"隻"，上面是"隹"，下面是一只手，会意为用手捕鸟。金文字形 ❷，同样是用手捕鸟的样子。金文字形 ❸，有所变化，上面是一只类似于猫头鹰的猎鹰，双耳高高竖起，下面仍然是一只手，会意为手持猎鹰去捕猎。小篆字形 ❹，左边又添加了一只犬，如此一来，从使用猎鹰捕猎发展到同时也使用猎犬捕猎。楷书繁体字形 ❻，没有任何变化。简体字把鸟儿或者猎鹰的形象简化掉了。

《说文解字》："获，猎所获也。"这是解释"获"字为什么从犬。随着农业生产的发展，古人也用"获"来表示庄稼的收割，但是收割庄稼却不能再使用"犬"字旁了，于是古人后来又另造了一个字，把"犬"字旁换成了"禾"字旁，来表示收割庄稼，这就是小篆字形 ❺。《说文解字》："穫，刈谷也。"割草叫"刈（yì）"，收谷叫"穫"。《诗经》中有一首题为《大田》的诗，其中吟咏道："彼有不获稚，此有不敛穧。"此处的"获"即是收割庄稼的"穫"，"稚"是幼禾，"穧（jì）"是已割还没有来得及捆起来的禾把。这句诗的意思是：那里的幼禾还没有收割，这里的禾把还没有捆起。

❸ ❹ ❺ ❻

有趣的是，《尔雅·释诂》中还有这样的区分："馘、穧，获也。""馘（guó）"是"军战断耳也"，在战争中，割取敌人的左耳，用以计数报功。《周礼》中规定："大兽公之，小禽私之，获者取左耳。""馘"即是由此引申而来。"馘"和"穧"都是"获"，但"穧"则专指收割庄稼，可见古人对事物的分类是多么细致！

汉字简化的时候，把捕猎禽兽的"獲"和收割庄稼的"穫"合而为一，都用"获"来表示了。

"获者"指猎得禽兽者，郑玄解释道："获，得也，得禽兽者取左耳当以计功。"同时又引申而指举行射礼时手持旌旗的唱获者。所谓"唱获"，就像今天打靶时的报靶员一样，谁射中了箭靶，就挥动旌旗唱名。射中靶心者也称为"获者"。相应地，那面唱获者手持并挥动的旌旗就称作"获旌"。古籍中常常可以见到此类称谓，如果不懂得其中的含义，就无法确切地理解文意或诗意，因此约略言之。

据扬雄《方言》记载："荆淮海岱杂齐之间，骂奴曰臧，骂婢曰获。齐之北鄙，燕之北郊，凡民男而婿婢谓之臧，女而妇奴谓之获。亡奴谓之臧，亡婢谓之获。皆异方骂奴婢之丑称也。""臧"的造字本义就是男奴，"获"则由猎得的禽兽引申而为女奴。"古者奴婢皆有罪者为之，谓之臧获。"这都是等级制社会对奴隶的贱称，应该持批判态度，但也应该明白这些称谓的由来，否则看古籍时往往会不知所云。

（传）李公麟《豳风七月图》（局部）

南宋佚名绘，纸本墨笔长卷，美国大都会艺术博物馆藏

    《豳风·七月》是《诗经·国风》中最长的一首诗。这段画面描绘的是诗中第四章所写的狩猎场景："一之日于貉，取彼狐狸，为公子裘。二之日其同，载缵武功，言私其豵，献豜于公。""一之日""二之日"指夏历的十一月、十二月。秋收之后，农民们去野外打猎，打到的狐狸要献给"公子"做裘衣，打到的野猪，大的献给豳公，自己只能留下小的。"豵（zōng）"是一岁的小猪，"豜（jiān）"是三岁的大猪。看起来猎"获"丰盛，而农人依然要发出"何以卒岁"的哀叹。

    这卷《豳风七月图》托名李公麟，纯用白描，以连环画的形式细致描绘了《七月》每一章的诗意。捕猎场面以高空俯视的视角画出，鹰飞犬逐，野猪奔逃，显得非常开阔。

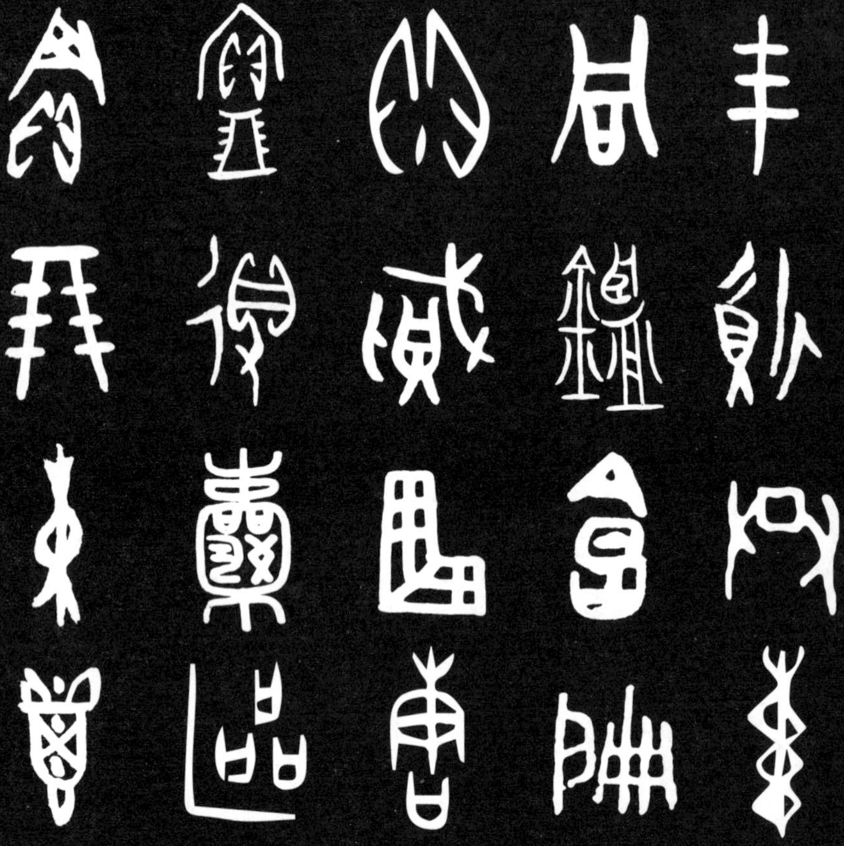

食货篇

❶　　　　❷　　　❸　　　❹

用网捞取贝去买东西

沉吟此事泪满衣，黄金买醉未能归

——李白

买、卖对举。

先说"买"，甲骨文字形❶，这是一个会意字，上面是一个网，下面是一只贝，会意为用网捞取贝。甲骨文字形❷，网和贝的形状变得更加悦目。金文字形❸，上面的网加以简化，下面的贝也画得更加工整。小篆字形❹，紧承甲骨文和金文字形而来。楷书繁体字形❺。楷书简体字形完全看不出上面"网"的形状了。

《说文解字》："买，市也。从网贝。""市，买卖所之也"，买卖所前往的地方，因此用"市"来解释"买"。关于"从网贝"，许慎引用了《孟子·公孙丑下》中的一段话来说明："古之为市也，以其所有易其所无者，有司者治之耳。有贱丈夫焉，必求龙断而登之，以左右望而罔市利。人皆以为贱，故从而征之。征商自此贱丈夫始矣。"

这段话的意思是：古时候成立市场，拿自己有的东西去交换没有的东西，有专职官员负责管理。有低贱的男子，一定要找一个独立的高地登上去，左右张望想网罗所有的贸易利润。人人都认为他卑鄙，因此向他征税。对商人征税就从这个低贱的男子开始了。"罔"通"网"，"罔市利"正是对"从网贝"最形象的解释。贝是上古

❺ ❻ ❼ ❽ ❾

时期的货币，因此从"贝"。李白有诗："沉吟此事泪满衣，黄金买醉未能归。"买醉的是黄金，而不再是上古时期原始的"贝"了。

再说"卖"，金文字形❻，这也是一个会意字，下面是贝，上面是一只直视着的大眼睛，会意为将货物展示给人看，以便换取贝。金文字形❼，贝的左边又添加了一只手。这个金文字形在《周礼》中写作"儥"，读作"yù"，兼备买、卖二义，后来被废弃。小篆字形❽，下面就是"买"字，上面从眼睛变成了"出"。楷书繁体字形❾，上面的"出"又讹变为"士"。简化后的简体字完全看不出造字的本意了。

《说文解字》："卖，衒也。""衒"读作"xuàn"，沿街叫卖，将货物炫示于人。这个解释跟金文字形中那只直视的大眼睛的联系是多么紧密呀！徐锴则解释为："货精，故出则买之也。"这一解释点明了为什么"卖"字的上面是一个"出"的缘故。徐灏更进一步解释"买""卖"二字的区别："出物货曰'卖'，购取曰'买'，只一声之轻重。与物美曰'好'，好之曰'好'，物丑曰'恶'，恶之曰'恶'同例。窃谓'买''卖'本是一字，后以其声异，故从'出'以别之。"其义甚明。

"买"和"卖"二字连用甚早，《周礼》中规定"小宰"这一官职的职责之一是："听卖买以质剂。""质剂"，长的书契称"质"，购买牛马时所用；短的书契称"剂"，购买兵器以及珍异之物时所用。质剂即类似于今天的合同，买卖的时候，要用质剂来约束买卖双方，不允许任何一方有欺诈行为。

宝

❶　　　　　❷　　　　　❸

屋子里有贝有玉还有杵臼

如许多宝贝，海中乘坏舸

——寒山

"宝"这个字的演变很有意思，从中可以看出造这个字的古人非常好玩的心态。

宝，甲骨文字形❶，这是一个会意字，上面是房屋的形状，中间是贝，下面是成串的玉。房子里面有贝有玉，会意为珍宝。甲骨文字形❷，贝和玉调换了一下位置。

到了金文，"宝"字变得越来越复杂了。金文字形❸，除了贝和玉之外，还增加了两样东西，左民安先生认为增加的是杵和臼之类的舂米用具，是生活必需品，因此也是宝贝。金文字形❹，就更好玩了，最下面还有两只手忙碌不停地往房子里运送宝贝！金文字形❺，杵和臼连在了一起，开始出现"缶"字的雏形。金文的"宝"字，表现了古人非常有趣的心态，那就是恨不得把所有的宝贝都搬到自己家里去。小篆字形❻，变成了一个形声字，用"缶"表声。楷书繁体字形❼。简化后的字体，"宝"从形声字又变回了会意字，家里有玉为"宝"。这就是"宝"字有趣的演变过程。

《说文解字》："宝，珍也。""宝"既如此珍贵，古人因此就拿它作为敬辞，比如宝位是对帝王的敬称，宝鼎是对佛教香炉的敬称，宝号是对别人商号的敬称，

④　⑤　⑥　⑦

宝眷是对别人家眷的敬称，等等。

在日常生活中，"宝贝"的称谓使用频率非常高，也非常口语化，因此人们大概都以为这个称呼是今天才有的，无法想象古人天天把"宝贝"挂在嘴上的情景。不过鲜为人知的是，古人早就开始使用"宝贝"一词了，唐代诗人寒山就曾在诗中写道："如许多宝贝，海中乘坏舸。前头失却柁，后头又无柁。宛转任风吹，高低随浪簸。如何得到岸，努力莫端坐。"

"宝贝"的本义是珍贵少见的贝壳，西汉学者焦赣《易林》中写道："丧我宝贝，亡妾失位。"这里的"宝贝"就是本义。西晋木华的《海赋》中也有这个词："岂徒积太颠之宝贝，与随侯之明珠。""宝贝"跟"明珠"对举，当然也是指稀罕的贝壳。这句话使用了两个典故，一个是当年殷纣王囚禁了周侯西伯，周侯的大臣太颠、散宜生等人高价收购了水中的大贝，连同其他珍奇之物一并献给殷纣王，殷纣王这才放了西伯。另外一个典故是，春秋时期随国的国君随侯救了一条大蛇。大蛇为报救命之恩，衔了一颗夜明珠献给随侯，故称"随侯珠"。随侯珠与和氏璧合称"春秋二宝"。有趣的是，这"春秋二宝"也合称"随和"，今天口语中形容为人和气即由此而来。"随和"因为是二宝，因此用来比喻高洁的品德，凡是具备高洁品德的君子都很谦和，因此又慢慢演变成谦和、和气之意。

"宝贝"后来泛指珍贵的东西，大约到了清代，民间俗语中开始用"宝贝"来称呼心爱之人，多用于称呼小辈。比如《红楼梦》："贾母只得安慰他道："好宝贝，你只管去，有我呢。'"
这是贾母对宝玉的称呼。情侣之间也可以使用
这个称呼，不过更多的是男称女，比如嘉庆、
道光年间的俗曲总集《白雪遗音》中有一首
名为《男梦遗》的俗曲，描写一位男子思念
美女多娇而梦遗的故事。其中写道："何不两
处移来一睡眠，蒙眬睡，梦魂颠，梦见多娇在
枕边，携手相搀，叫声宝贝心肝，我的恩姐姐，
讲不尽千言与万言。"十分有趣，可见这时就
已经将"心肝"和"宝贝"连用了。

　　《红楼梦赋图册》共二十幅（此本缺一帧），内容为沈谦撰二十首题咏《红楼梦》的赋文配以精美插图。沈谦的《红楼梦赋》大约创作于清嘉庆十四年（1809），正是科举失意、穷困潦倒之际，作者借阅读《红楼梦》度日，"仿冬郎之体，伸秋士之悲"，作赋排遣内心苦闷。

　　这幅是《栊翠庵品茶赋》的配图。刘姥姥进大观园，逛到栊翠庵，妙玉给众人奉茶之后，扯了黛玉和宝钗到后面吃"体己"茶，宝玉也随了来。妙玉用收藏了五年的梅花上的雪水烹茶，以古玩奇珍为黛玉宝钗上茶，而将自己常日吃茶的绿玉斗给宝玉斟茶。宝玉便说："到了你这里，自然把那金玉珠宝一概贬为俗器了。"一连串"炫富"般的描写不仅令读者眼花缭乱，连宝黛钗三个也大开眼界。妙玉如此孤高自许是颇有些底气的。

❶ ❷

"贝"的繁体字是"貝"。贝在古时用作货币，因此从贝的字大都与钱财有关，比如货、贪、贩、费等。古人为什么会使用贝作为货币呢？

贝，甲骨文字形 ❶，很明显这是一个象形字，像的就是一只贝的形状。甲骨文字形 ❷，大同小异。金文字形 ❸，两片贝壳中间的纹路栩栩如生。金文字形 ❹，大同小异。小篆字形 ❺，变形得很厉害，不过还保存了贝壳上的两道花纹。

《说文解字》："贝，海介虫也。"晚清学者宋育仁解释说："海介虫，海中所生介虫也。介者肉内而骨外，龟之属。"其实所谓"介"就是"甲"，指贝类的外壳。如此说来，"贝"这个字专指海贝。白川静先生认为这种海贝就是子安贝，而且甲骨文和金文中所有的"贝"无一例外全部都是子安贝的形状，"子安贝产于南海，生活在内陆地区的殷人、周人视之为珍奇异宝"。因此在金属货币普及之前，就用贝作为货币。

这种海贝为什么称作"子安贝"呢？这是因为古时妇女生产时，产婆会将这种贝放在产妇手中，令她紧握以便用力产子，同时也是祈求母子平安的意思，故称"子安贝"。子安贝还用作祭祀的器具，台湾的少数民族至今还保留着"子安贝祭"的习俗，传说他们祖先的灵魂

就藏在子安贝里。商代墓葬中曾大量出土过这种贝类，可见它在古人生活中的重要性。

许慎又说："古者货贝而宝龟，周而有泉，至秦废贝行钱。"这几句话是中国古代的货币变迁史。上古的时候，使用贝壳作货币，就像占卜使用龟甲一样，贝壳和龟甲极其相似，因此许慎当作一类来说。到了周代，开始用金属铸钱，称作"泉"，意思是像泉水一样流淌而不会壅积。周代有泉府的官职，负责掌管国家的税收。又可称"布"，意思是遍布于外。到了秦代，开始使用"钱"的称谓，一直延续到今天。

不过，据《汉书·食货志》载，王莽时期，各种货币并行使用，即"金、银、龟、贝、钱、布之品，名曰'宝货'"。其中贝货分作五品："大贝四寸八分以上，二枚为一朋，直二百一十六；壮贝三寸六分以上，二枚为一朋，直五十；幺贝二寸四分以上，二枚为一朋，直三十；小贝寸二分以上，二枚为一朋，直十；不盈寸二分，漏度不得为朋，率枚直钱三。"这里出现了一个有趣的量词：朋。"朋"是古代的货币单位，用线绳将贝串起来，两贝为一朋（一说五贝为一朋），"不盈寸二分"即太小不成贝者，不得串起为"朋"。

不管是甲骨文字形还是金文字形，"贝"上的花纹都栩栩如生地画了出来，因此贝形的花纹就称作"贝"。《诗经·閟宫》是歌颂鲁僖公的诗篇，其中夸耀说"公徒三万，贝胄朱綅"，鲁公的步兵有三万人之多，个个"贝胄朱綅"。贝胄，用贝纹装饰的头盔；綅（qīn），丝线。这是形容步兵头戴用红线缝缀、用贝纹装饰的头盔，军容之盛大，盔甲之鲜亮，如在眼前。

❶　　　　❷

所有的东西都覆盖在盘子下面

鸟兽不可与同群　——《论语》

　　"同"这个字的义项很丰富，而且有许多有趣的用法，但这些用法都是从本义引申而来。

　　同，甲骨文字形❶，这是一个会意字，上面是覆盘之形，下面是"口"，"口皆在所覆之下"，因此"同"的本义是会聚。甲骨文字形❷，上下结构拉开了一点距离。金文字形❸和❹，笔画加粗。小篆字形❺，干脆把"口"移到了里边，覆盖之形更加突出。

　　《说文解字》："同，合会也。"合会就是会聚，引申为共同、一同，比如孔子说的"鸟兽不可与同群"。据《尚书》记载，周代君王即位的典礼上，有一项仪式是名为大宗伯的官员要向君王献上"同瑁"。"同瑁"到底是什么东西？历代众说纷纭，有说是一种东西，有说是两种不同的东西，直到二〇〇九年在西安发现了一件名为"同"的西周青铜酒器，才验证了古籍中关于"同"的另一种解释：爵。意思是"同"是一种酒器。"瑁"是君王所执的玉。那么"同瑁"就是两种不同的东西，即酒器和玉器。这一解释跟"同"的甲骨文和金文字形非常相似，即筒形的酒杯。酒杯中倒满了美酒，当然也可以会意为会聚之意。

　　《诗经·车攻》中有诗："赤芾金舄，会同有绎。""赤芾（fú）"，红色蔽膝，指遮盖大腿至膝部的服饰；"金

❸　　　　　　❹　　　　　　❺

舄（xì）"，金饰的复底鞋。赤带和金舄都为诸侯所穿。"有绎（yì）"，
连续不断而有次序的样子；"会同"，诸侯朝见君王的专称。据《周礼》规定，
诸侯朝见君王，根据时序的不同，各有不同的专称，依次为："春见曰朝，
夏见曰宗，秋见曰觐，冬见曰遇，时见曰会，殷见曰同。""时见"指不
在规定期间朝见，"殷见"指诸侯于一年四季分批朝见。"殷见"就称作
"同"，每隔十二年，诸侯一起来朝见君王。举行朝见仪式时，使用叫"同"
的酒杯饮酒行礼，是为"会同"，因此后来"会同"就成为朝会的泛称。

　　"同"的本义既然是会聚，因此还可以引申用作土地面积单位，方圆
百里为"同"。《左传·襄公二十五年》："且昔天子之地一圻，列国一
同，自是以衰。"方圆千里称"圻（qí）"，天子直接管辖的地盘是方圆
千里，诸侯直接管辖的地盘方圆百里。随声附和或者观点与人相同称"雷
同"，李贤解释"雷同"这个词说："打雷的时候，雷声能够震惊百里，
而百里称'同'，故称'雷同'。"

　　"大同"是儒家最高的政治理想，此处的"同"是统一的意思，意
为天下都统一到一种理想的社会形态里来。《礼记·礼运》中记载过孔子
描述的大同社会的面貌："大道之行也，天下为公。选贤与能，讲信修睦，
故人不独亲其亲，不独子其子，使老有所终，壮有所用，幼有所长，矜寡
孤独废疾者皆有所养。男有分，女有归。货，恶其弃于地也，不必藏于己；
力，恶其不出于身也，不必为己。是故谋闭而不兴，盗窃乱贼而不作，故
外户而不闭，是谓大同。"

❶ ❷

玉

一根绳子上串着三块玉

言念君子，温其如玉 —— 《诗经》

"宁为玉碎，不为瓦全。"从这句话就可以看出玉在中国文化中的崇高地位。事实也确实如此，玉文化在我国可谓源远流长，在祭祀、外交和社交领域都发挥了巨大的作用。

玉，甲骨文字形 ❶，这是一个象形字，像一根绳子串着三块玉。甲骨文字形 ❷，绳子的形状更明显。金文字形 ❸，把露在外面的绳头给去掉了。小篆字形 ❹，接近金文。

《说文解字》："玉，石之美，有五德：润泽以温，仁之方也；䚡理自外，可以知中，义之方也；其声舒扬，専以远闻，智之方也；不桡而折，勇之方也；锐廉而不技，洁之方也。"许慎认为玉具备了仁、义、智、勇、洁五种德行，因此"君子比德于玉"。《诗经·小戎》："言念君子，温其如玉。"《礼记·曲礼下》中甚至规定："君无故，玉不去身。"没有特殊原因，不能不佩戴玉。

至迟到周代时，玉器系统已经逐渐完备，各种玉的职能分工井井有条。诸侯作为符信使用的玉器共分五种，称作五玉：璜、璧、璋、珪、琮。璜是半璧，用来征召；

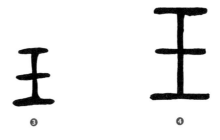

③　　　　　　　　④

璧是平而圆，中心有孔的玉，用来聘问；璋的形状像半个圭，用来发兵；
珪同圭，长条形，上端三角形，下端方形，用来立信；琮（cóng）外边八角，
中间圆形，"起土功之事也"，就是用来祭地。"修吉凶宾军嘉之礼，五
等诸侯执其玉。"举行吉、凶、宾、军、嘉五礼的时候，诸侯都要各自手
持象征身份的玉。

　　除了五玉，还有六瑞之说。据《周礼》载："以玉作六瑞，以等邦国：
王执镇圭，公执桓圭，侯执信圭，伯执躬圭，子执谷璧，男执蒲璧。"六
瑞是国君和五等诸侯举行朝仪时所持的六种玉制礼器：王执镇圭，长一尺
二寸，镇是安定四方之意；公执桓圭，桓圭长九寸，桓就是今天说的华表，
雕刻在圭上作装饰；侯执信圭，信通身，以人形雕刻在圭上作装饰，长七寸；
伯执躬圭，也是以人形作装饰，长也是七寸；子执谷璧，谷物养人，故以
此作装饰，长五寸；男执蒲璧，蒲是蒲草制成的席子，取其"安人"之意，
故以蒲草的花纹作装饰，长也是五寸。郑玄解释道："瑞，信也，皆朝见
所执，以为信。"国君和诸侯朝见时以这六种玉器作为符信。

　　此外还有六器。据《周礼》载："以玉作六器，以礼天地四方：以苍
璧礼天，以黄琮礼地，以青圭礼东方，以赤璋礼南方，以白琥礼西方，以
玄璜礼北方。"这是六种祭祀天地四方的玉器。郑玄说"礼神者必象其类"，
意思是祭祀什么神，就要使用像这种神的玉器。苍璧是黑色的璧，平而圆，
像天，因此用来祭天；黄琮外边八角，像地之八方，因此用来祭地；青圭

尖锐，像春天初生的万物，因此用来祭东方；赤璋是红色的半个圭，"像夏物半死"，因此用来祭南方；琥是像老虎的玉器,白色的琥象征秋气肃杀,因此用来祭西方；玄璜是黑色的半璧，"象冬闭藏，地上无物，唯天半见"，因此用来祭北方。

"玉"又引申为敬辞，比如敬称对方的身体为玉体，敬称对方的容貌为玉颜、玉面，等等。

两串细贝连系在一起

同门曰朋，同志曰友

——孔颖达

❶ ❷ ❸

在古代，"朋"和"友"的含义完全不一样。本文分讲朋、友二字。

先说朋，甲骨文字形❶，这是一个象形字，非常像两串连结在一起的细贝。贝是古代的货币单位，同时又可以用作装饰，因此郭沫若先生认为"朋"的甲骨文字形表示的是古人佩戴的颈饰，但更多学者认为，这两串连结在一起的细贝就代表货币单位。不过，具体代表多少货币单位则说法不一，一说五贝为一朋，一说两贝为一朋，一说十贝为一朋，也有说五贝为一系（串），两系（串）为一朋。《诗经》中有"既见君子，锡我百朋"的诗句，意思是君子赐给我一百朋，那是好多好多的贝啊！因为两系（串）贝为一朋，如同甲骨文字形表现的那样，因此"朋"引申为朋友的意思。

朋，金文字形❷，比甲骨文字形更加整饬。小篆字形❸，这就非常离奇了，跟甲骨文、金文字形相差十万八千里。《说文解字》："朋，古文'凤'，象形。凤飞，群鸟从以万数，故以为朋党字。"许慎居然认为"朋"是"凤"的古字，还牵强附会地认为，跟从凤飞的鸟儿非常之多，因此跟众人结党联系了起来。这种说法实在不妥！

❹ ❺ ❻

再说友，甲骨文字形 ❹，这是一个会意字，向着同一个方向的两只右手，会意为以手相助。今天人们见面的礼节还是如此，互相伸出右手相握，跟这个字形没有任何差别。金文字形 ❺，同于甲骨文。小篆字形 ❻，两只手变成了上下结构。

《周易》中说："君子以朋友讲习。"孔颖达解释道："同门曰朋，同志曰友。朋友聚居，讲习道义。"同师授业的学生称为"朋"，还不能称为"友"，同门必须志同道合才能称为"友"。在儒家学说中，志同道合当然是指高远的志向和崇高的道德，因此古代常常出现的"朋党"一词就不能称为"友党"，因为"朋党"最初是指同类人以恶相济而结成的集团，后来泛指因政见不同而形成的相互倾轧的宗派。"朋"是中性词，是客观现实，"同门曰朋"，只要是同学就可称"朋"，因此"朋"也可用作贬义，如"朋比为奸"；"友"则含有道德指向，"同志为友"，必须志同道合才能称"友"。

到了明朝，士大夫们开始延伸"朋友"一词的内涵，把所有的儒学生员统称作"朋友"，已经考上秀才的生员称作"老友"，还没有考中秀才的生员称作"小友"。无名氏的《鸣凤记》中写道："今早有个柬帖来，说邹朋友要相访，不免启扉等候呀。"《儒林外史》中写道："开蒙的时候，他父亲央及集上新进梅朋友替他起名。""邹朋友"和"梅朋友"都是对生员的称呼。到了今天，凡是有过一面之交的都可称为朋友，甚至连没见过面的也可以称为朋友，未婚的情侣更互称朋友，"朋友"一词早已失去了古意。

《苦吟图》（局部）

（传）北宋李公麟绘，绢本设色，台北"故宫博物院"藏

　　本幅无款，旧标为李公麟，绢质古旧，线描流畅，人物形象纤细，从画风推测，应是明代人的作品。

　　画中文士三人倚坐，围绕一张方案，或斜身捉笔苦思，或屈膝持卷沉吟，或托腮凝视案上白卷。三人似乎都处于苦苦寻觅灵感而不得，迟迟不得下笔的窘境。人物衣纹、面目，线描纤细，设色典雅，风致独具。画中人的身份不能确定，可推测是同僚或文友，正在一个小型诗会雅集上，互相切磋，比才斗学。或许焚香计时，或许罚酒为令，苦吟中流露着以文会友的雅人深致。

❶　　　　❷

得

跑到远方去寻找并得到了贝

筌者所以在鱼，得鱼而忘筌　——《庄子》

　　"得"既可以作实词，也可以作虚词。作实词可以当作名词、动词、形容词使用，作虚词可以当作叹词、助词、副词使用。来探究一下"得"这个字的造字本源，会发现古人生活中非常有趣的习俗。

　　得，甲骨文字形❶，这是一个会意字，左边是一只大贝，右边是一只手，会意为用手拿到了贝。甲骨文字形❷，手移到贝的下面，左边又添加了一个"彳"，"彳"像十字路口的半边，表示行走的意思，这个字形会意为行走到远方去寻觅并得到贝。金文字形❸，手和贝的形状简直像真的一样！金文字形❹，左边的"彳"更像十字路口的左半边。小篆字形❺，右上角的"贝"发生了讹变，变成了"見"。楷体字形完全看不出跟"贝"有什么关系了。

　　《说文解字》："得，行有所得也。""得"字形中的"彳"是个非常关键的组成部分，也就是许慎所说的"行有所得"之"行"。拿到这只贝为什么要"行"呢？显然，很近的地方不需要如此刻意地强调"行"这个意思，那么，"行"就一定是指前往很远的地方去，那只"贝"在非常遥远的地方，等待着古人去寻觅。

❸ ❹ ❺

这是一种什么"贝"呢？原来，这种贝叫"子安贝"，产于南海，被殷朝人和周朝人视为珍宝，因此甲骨文和金文中的贝类，全部都是子安贝的形状。子安贝不仅被当作珍宝，还用作货币和祭祀的器具。商代墓葬中曾经大量出土过这种贝类，可见它在古人生活中的重要性。

子安贝产于南海，离黄河流域的中原地区十分遥远，那么，即使子安贝通过贸易传入了中原地区，因路程的遥远及其珍贵程度，古人造"得"这个字的时候，就安上了一个表示远行的"彳"，意思是要想得到子安贝，一定要经过漫长的辛苦远行才能得到。这就叫"行有所得"，这就叫"凡有求而获皆曰得"。

子安贝既如此珍贵而又得之不易，因此"得"又可以引申为满足，比如"洋洋得意"的满足骄傲之态，比如"春风得意马蹄疾，一日看尽长安花"，将科举中试的得意比作获得子安贝的雀跃之情。

庄子曾经有过一段名言："筌者所以在鱼，得鱼而忘筌；蹄者所以在兔，得兔而忘蹄；言者所以在意，得意而忘言。""筌（quán）"是捕鱼的竹器。这段话的意思是：竹笼是用来捕鱼的，捕到鱼就忘了竹笼；兔网是用来捕兔的，捕到兔就忘了兔网；言语是用来表达思想的，领悟了思想就忘了言语。"得鱼忘筌"因而用来比喻事情成功以后就忘了本来依靠的东西。

❶　　　　　❷

只要有人的地方就会有盗贼，因此"盗贼"的称谓很早就出现了，《周礼》中有小宰的官职，职能之一就是"以除盗贼"。"盗贼"是强盗和小偷的统称，类似的字眼儿还有窃、劫、寇。古人对这些行为都有严格的区分。

先说贼，金文字形❶，这是一个会意字，左边是一把刀，右上方是一把戈，下面是一只贝，会意为持刀持戈去毁坏贝。小篆字形❷，那把刀移到戈的下方。《说文解字》："贼，败也。""贼"的本义是毁坏，引申为伤害之意。

再说盗，甲骨文字形❸，这也是一个会意字：下面是一个器皿，上面是一个人面朝左站立，看着器皿里的东西直流口水。但是徐中舒先生认为下面是"舟"，后来讹变为"皿"；"从舟以显泛滥之意"，因此"盗"的本义是水流泛滥。也有学者认为这个字形会意为：一个人流着口水，乘舟过河，前去劫掠。小篆字形❹，口水变成了水形，下面的"舟"讹变为"皿"。《说文解字》："盗，私利物也。"《荀子》中则解释得更清楚："窃货曰盗。"可见，"盗"是指偷窃别人货物的行为。《荀

❸　　　　　　❹

子》又说："害良为贼。"杀害好人称"贼"。

　　盗和贼的古今之别非常有意思，偷窃别人货物的人叫盗，今天却叫贼；抢劫别人货物的人叫贼，今天却叫强盗。

　　窃和劫呢？《说文解字》："窃，盗自中出曰窃。""盗自中出"就是监守自盗的意思，因此民间把"窃"称作家贼。《说文解字》："劫，人欲去，以力胁止，曰劫。"劫就是使用武力强夺。此外，"寇"是入侵、侵犯："群行攻劫曰寇。""强取曰寇。""凡兵作于内为乱，作于外为寇。"故称"内乱""外寇"。还有"草寇"的称谓，用来形容出没山林草莽的强盗。

　　这些区分非常重要，因为直接牵涉法律上的定罪。战国时期魏国改革家李悝制定的我国第一部比较系统的成文法典《法经》，共分六篇，前两篇即为《盗》法和《贼》法。李悝认为"王者之政，莫急于盗贼"，《盗》法是保护私有财产的法规；《贼》法是防止叛逆、杀伤，保护人身安全和维护社会秩序的法规，量刑当然也就不一样。汉魏时期叫盗律、贼律，后周叫劫盗律、贼叛律，到了隋代才在律法中将盗和贼合一，唐宋沿用。

　　王立群曾经提出过司马相如对待卓文君是"劫财劫色"，遭到了普遍的质疑。王立群的理由是，古代典籍中有三处记载司马相如的这一行为：扬雄《解嘲》称"司马长卿窃赀于卓氏"；《颜氏家训》中称"司马长卿，窃赀无操"；司马贞在《史记索隐》中说"相如纵诞，窃赀卓氏"。这里的"赀（zī）"通资，指财货。

　　于丹就是用"窃"和"劫"的区别驳斥了王立群的说法：
"'劫财'和'窃赀'不是一回事。上举三例，都没有
表示出'司马相如以武力抢夺卓氏钱财'的意思，因而
所举证据，不能支持所持结论，那么这一结论自然就不
能成立了。"换言之，司马相如只不过使用美男计，偷
窃了卓文君的资产而已，并没有使用武力抢劫。

❶　　　　　　**❷**　　　　　　**❸**

一个人跪在水盆前照镜子

　　唐代名臣魏徵去世后，唐太宗李世民发出了著名的感叹："以铜为鉴，可正衣冠；以古为鉴，可知兴替；以人为鉴，可明得失。朕尝保此三鉴，内防己过。今魏徵逝，一鉴亡矣。"此处的"鉴"就是镜子的意思。"鉴"为什么会被当作镜子呢？让我们从头说来。

　　"监"是"鉴"的本字。监，甲骨文字形❶，这是一个会意字，左边是一个盆状的器皿，右边是一个人，跪在盆前看自己的样子，人的眼睛（目）显得异常醒目。甲骨文字形❷，右边很像一位身姿窈窕的女子，盆中的一横代表水，一横上面的圆圈代表女子的脸部，一横下面的圆圈代表水中映出的女子脸部的倒影，真是栩栩如生！金文字形❸，这个人站了起来，头伸到盆的上方，如此一来，自己的样子就看得更清楚了。盆的上面有一横，表示盆里面有水，同时"目"变成了"臣"（臣的甲骨文字形就是目）。金文字形❹，大同小异。小篆字形❺，没太大区别。繁体字形"監"，右上角人的样子看不出来了。简化后的字体，连"目"都看不出来了。

　　《说文解字》："监，临下也。"所谓"临下"，就是从盆的上面往下俯视自己的样子，因此"监"的本义就是照镜子。《尚书·酒诰》："人无于水监，当于

❹

❺

❻

❼

民监。"意思是国君不能光从水面上照自己的形象，而应该从人民中照自己的形象。《左传·庄公三十二年》："国之将兴，明神降之，监其德也；将亡，神又降之，观其恶也。"此处的"监"和后句的"观"并举，是照视的意思。当作"照镜子"的本义解的时候，"监"读作四声 jiàn。从"监"的本义引申出监督之意，又引申出监禁、监狱之意，当作这些义项的时候，"监"读作一声 jiān。

"监"的引申义越来越多之后，开始把"照镜子"或"镜子"的本义转移给"鑑"这个字。鑑，金文字形 ❻，仍然是一个会意字，在"监"的左边添加了"金"，会意为这个盆子是用金属制成的。小篆字形 ❼，同于金文。《说文解字》："鑑，大盆也，可以取明水于月。"所谓明水，是祭祀所用的净水；所谓"取明水于月"，其实指的就是露水。因此"鑑"的本义就是盛水或盛冰的青铜大盆，后来引申为青铜制成的镜子的时候，与"鉴"通假，慢慢地"鑑"字废弃不用，通用为"鉴"字了。

有个成语叫"明镜高悬"，鲜为人知的是，这面"明镜"最初其实叫秦鉴或秦镜，是秦始皇使用的镜子。据《西京杂记》所说，刘邦攻陷咸阳之后，搜查秦朝的府库，发现了很多宝贝，其中一件是宽四尺、高五尺九寸的大镜子，里外都非常明亮，直立着照的时候，人的影子却是倒影；用手捂着胸口照的时候，五脏六腑都看得清清楚楚；如果病人照这面镜子，就能看到什么地方病在何处；有邪心的女人照这面镜子，立马能看见胆张心动。秦始皇常常拿这面镜子照宫中的宫女，发现谁"胆张心动"立刻就将她杀了。后来，官员们为了标榜自己的清正廉明，常常在大堂上挂着"秦镜高悬"的一块匾，再后来因为秦朝离得越来越远，"秦镜"一词渐渐变得不明白了，于是就用"明镜高悬"取代了"秦镜高悬"。

《高名美人画集"高岛久"对镜》（高名美人判じ絵集
「高嶋おひさ」合わせ鏡）
喜多川歌麿绘，约 1795 年

　　高岛久是江户宽政年间有名的美人。喜多川歌麿
有一幅"大首绘"代表作《宽政三美人》，描绘了当
时的三大美女：富本丰雏，难波屋阿北，高岛久。丰
雏是吉原艺妓，阿北与阿久是浅草附近茶屋的女侍。
她们人气极高，当时的美人画经常以她们为主角。这
幅画中的阿久在浅草祭庙会的晚上，装束打扮停当后，
两手各持一面镜子，前后对照，对自己的发型做最后
的检查。她虽然背对观者，但镜中映出她专注审视的
美丽容颜，正是"照花前后镜"的美妙一幕。画中美
人丝丝分明的发髻，吹弹可破的肌肤质感，都是歌麿
独擅胜场的特色。

　　两镜对照，镜在镜中被反射，理论上可看到无限
的映像，实际上因对照角度、反射率、有限光速等缘故，
照出的影像是很有限的。但这样富于哲学意味的动作，
令画面别有一种微妙宁静的韵致。

质

拿着斧头扣押人质来换取贝

文质彬彬，然后君子

——《论语》

① **②**

"质"是一个非常有意思的汉字，其字形的演变也饶有趣味。

质，金文字形**①**，这是一个会意字，字形出自春秋末年晋国的"侯马盟书"。右边是"斤"，也就是斧头；左上是"人"字的省写，左下是一只贝。整个字形会意为：持斧头将人扣押起来，以换取"贝"（赎金）。金文中还有另外一种写法，即字形**②**，左下是一只牛头，盟誓时要使用牛头作祭牲，因此用牛头代替"贝"来会意。金文字形**③**，左上部分的"人"变形了，更偏向于"斤"的形状。小篆字形**④**，变成了上下结构，而且上面正式定型成了两个"斤"。楷书繁体字形**⑤**，同于小篆。

《说文解字》："质，以物相赘。"这是"质"的本义，即抵押。不过，"质"和"赘"还有细微的区别："以物受钱曰质"，拿物品作抵押以换取钱叫"质"；"以钱受物曰赘"，拿钱作抵押以换取物品叫"赘"。这里的"物"同样可以引申到人身上：用人作抵押以换取钱叫"质"，因此而有"人质"，正好符合"质"的金文字形，后来才用于政治目的的"人质"概念，也称作"质子"；用钱作抵押以换取人叫"赘"，因此而有"赘子"，

③　　　　　　　④　　　　　　　⑤

穷人将儿子抵押、典质给他人，以换取生存必需的食物，三年后如果没有钱赎买，儿子就会沦为奴婢，"入赘""赘婿"的称谓就是由此引申而来。

　　"质"的本义既为抵押，那么古代贸易所用的券书也可以称为"质"，这就是今天"合同"的前身。长的券书称"质"，购买牛马时所用；短的券书称"剂"，购买兵器以及珍异之物时所用。"剂"为什么也可以作券书呢？这是因为"剂"的本义是剪齐，券书要用刀来裁齐。长短券书合称"质剂"。贾公彦说："判，半分而合者，即质剂、傅别、分支合同，两家各得其一者也。""傅"指用文字来形成约束力，"别"是分别为两半，每人各持一半，合称"傅别"；"分支"是将券书分为二支。"判"是将分为两半的券书合二为一，只有这样才能够看清楚契约的本来面目，现代词汇中的判案、审判、判断、批判等都是由此而来。"合同"即合为同一件券书。"合同"一词即由此而来。

　　抵押的行为结束之后，紧接着就是赎买的行为，赎买时就像将两份券书合在一起进行验证的情景一样，因此"质"引申为核对、验证；验证时双方要"对质"，对质时就要发生双方的口角辩驳，又引申出质问之意。"质"是最原始的凭证，因此又引申为本质，当作形容词时意为朴实、朴素、诚信。孔子在《论语》中说过一句著名的话："质胜文则野，文胜质则史。文质彬彬，然后君子。"朴实多于文雅就会显得粗野，文雅多于朴实就会显得虚浮，文雅和朴实兼备，然后才成为君子。"文质彬彬"于是用来形容举止文雅、有礼貌的君子。

❶　　　　❷

用绳子把木柴捆缚起来

自行束修以上，吾未尝无诲焉 ——《论语》

　　"束"在今天的意思，除了当作"约束"讲之外，更多的是作为量词使用。但是在古代，"束"这个量词代表的数量却是有实指的。

　　束，甲骨文字形❶，这是一个会意字，会意为用绳结将木柴捆缚起来。金文字形❷，字形变得像一幅画儿，中间的"×"形是捆扎的绳结。金文字形❸，稍加简化，还是突出绳结的形状。金文字形❹，跟甲骨文字形相似。小篆字形❺，回到甲骨文的字形。楷体字形没有任何变化。

　　《说文解字》："束，缚也。"徐锴说："束薪也。"徐锴解释的才是"束"的本义，许慎所说的"缚"只是引申义。上古时期的婚礼都在黄昏时举行，因此要"束薪"以为照明的火炬，"三百篇言娶妻者，皆以析薪取兴，盖古者嫁娶以燎炬为烛"。后来引申为成婚的代名词，《诗经》中有很多类似的诗句，比如《绸缪》："绸缪束薪，三星在天。今夕何夕，见此良人。"比如《扬之水》："扬之水，不流束薪。终鲜兄弟，维予二人。"《毛传》说："男女待礼而成，若薪刍待人事而后束也。"孔颖达说："言薪在田野之中，必缠绵束之乃得成为家用，以兴女在父母之家必以礼娶之乃得成为室家。薪刍待人

282

❸　　　　　❹　　　　　❺

事而束，犹室家待礼而成也。"

　　《论语》中记载了孔子的一句名言："自行束修以上，吾未尝无诲焉。"意思是：凡是自己交来束修的，我没有不教的。"修"通"脩"，干肉。"束修"就是十条干肉，是最微薄的入学敬师的礼物。"束"作为量词，为什么当作"十"的数量呢？郑玄解释说："十个为束，贵成数。""成数"就是整数。我倒以为"束"当作"十"的数量，跟捆缚方式有关，绳子捆得少了容易散，捆得多了又太密太麻烦，捆十道应该是最合适的选择。当然，古时馈赠常用"束修"，用整数"十"也是表达一种圆满之意。

　　《诗经》中有一首题为《泮水》的诗篇，其中吟咏道："角弓其觩，束矢其搜。""角弓"，用兽角作装饰的硬弓；"觩（qiú）"，弓紧绷的样子；"搜"通"嗖"，象声词。"束矢"到底是多少支箭，其说不一，有说五十支，有说一百支，总之都是"十"的倍数，是由"束"的量词引申而来的。

　　周代有一种奇特的制度，称作"钧金束矢"，"钧金"指三十斤铜，"束矢"则为一百支箭。大司寇这种官职的职责之一是："以两造禁民讼，入束矢于朝，然后听之；以两剂禁民狱，入钧金，三日乃致于朝，然后听之。""两造"指原告和被告，"讼"指财产纠纷，发生财产纠纷的时候，原被告都要给官府送进"束矢"，一百支箭，然后才能诉说各自的理由。"两剂"指诉讼双方所立的契约，"狱"指刑事罪名，原告以刑事罪控告的时候，原、被告都要给官府送进"钧金"，三十斤铜，三天后才能诉说各自的理由。"束矢"取意于箭之正直，"钧金"取意于铜之坚固。胜诉者归还，败诉者则收入官府。

这项法律的用意在于：怕败诉而不敢送进"钧金束矢"，以免人财两失的，就是自承不直、不坚。清人何琇评价这一制度时说："钧金束矢之制，儒者所疑，此以后世律三代也。"意思是后世官司繁多，故意托以古制，使理直者知道诉讼之不易，使理屈者知道得不偿失，从而有效化解民间的纠纷。

《诗经·唐风图卷·绸缪》

（传）南宋马和之绘、赵构书，绢本设色长卷，辽宁省博物馆藏

　　《唐风图》是宋高宗与马和之合作的《诗经》系列图之一。《唐风图》根据《诗经·唐风》中的十二章诗意而绘，传世作品有三本，分别收藏于辽宁省博物馆、日本京都国立博物馆、北京故宫博物院，其中辽博版最为出色。

　　这一段画面对应的诗是《唐风·绸缪》："绸缪束薪，三星在天。今夕何夕，见此良人。子兮子兮，如此良人何。"这是一首描写新婚良辰的诗。画中人一边用绳子捆束柴草，一边深情地凝眸远望，仿佛看见"良人"正款款走来。画面淡雅温馨。"束薪"喻夫妇同心，情意缠绵，后成为古代婚姻之典。

囊

装东西的大袋子

囊空恐羞涩，留得一钱看 ——杜甫

❶

囊和橐是古代非常重要的器物，《诗经·公刘》："乃裹糇粮，于橐于囊。"糇（hóu）粮就是干粮。古人远行的时候，要把干粮装到囊和橐这样的袋子里面。

囊、橐二字有区别。先说囊。囊，小篆字形❶，这是一个形声字，许慎说里面是表声的"襄"字。

再说橐。"橐"读作 tuó，它的初文就是"东"字。小篆字形❷，许慎说里面是表声的"石"字。

《说文解字》："囊，橐也。""橐，囊也。"许慎老先生可真够懒的，就这样解释囊和橐，在他看来，囊、橐不分。不过还有另外两种解释，一种解释是：大曰囊，小曰橐。另一种解释是：无底曰囊，有底曰橐。古人对器物的分类可真够细的。

不管怎样，囊和橐反正都是装东西的袋子，因此有智囊、囊括、囊中物等词，不过"橐"字相对组词较少。

有一个成语叫"囊中羞涩"，很有意思。杜甫有《空囊》一诗："翠柏苦犹食，晨霞高可餐。世人共鲁莽，吾道属艰难。不爨井晨冻，无衣床夜寒。囊空恐羞涩，留得一钱看。""爨"读作 cuàn，烧火做饭。这首诗写尽了诗人生活艰难的窘境。其中"囊空恐羞涩，

留得一钱看"就是我们今天常用的成语"囊中羞涩",也写作"阮囊羞涩"。

　　杜甫如此贫穷,应该叫"杜囊羞涩"才对,为什么叫"阮囊羞涩"呢?此典出自元人阴时夫所撰《韵府群玉》一书。在"七阳"一章中,阴时夫讲了一个有趣的故事:"阮孚持一皂囊,游会稽,客问:'囊中何物?'阮曰:'但有一钱看囊,空恐羞涩。'"阮孚随身带着一个黑色的布囊,在会稽一带游历,有人问他:"您的囊中盛的是什么宝贝啊?"阮孚回答道:"我的囊中只有一枚钱,恐怕囊羞涩,用它来看囊。"原来"囊中羞涩"不是指囊中的钱少而羞涩,而是指怕囊羞涩才用一枚钱压着囊底,给囊以安慰。

　　不过,说阮孚"囊中羞涩"却是一个彻头彻尾的谎言。阮孚是晋朝人,一生都在做官,而且还都是高官。阮孚喜欢饮酒,史载他曾经"以金貂换酒",这样的高官怎么会缺钱花呢?阮孚四十九岁死前的官衔是"都督交、广、宁三州军事、镇南将军、领平越中郎将、广州刺史",可见说他"阮囊羞涩"乃是后人伪造的故事。一个富人留下了贫穷的名声,而且还成了一个典故,被后人屡屡引用,这在中国历史上大概不多见吧!

❶　　　　　❷

曲

用竹条编织的筐笼

人间曲水觞，竟忘仙鬼宅　——魏源

　　古代风俗，每年春季要在水边举行消灾祈福的祭礼，这种祭礼称作"祓禊（fú xì）"。魏晋之前在三月上巳日这一天举行，魏晋之后固定为三月三日举行。这一天，人们在水边洗濯，以祓除不祥，举行过祓禊仪式后，就在水边宴饮，将觞这种酒具放入水中，顺水漂流，到自己面前，取而饮之，这就是"曲水流觞"的娱乐活动。王羲之的《兰亭集序》就是在一次曲水流觞的活动之后所作。"曲水"，取水流弯弯曲曲之意。魏源有诗："人间曲水觞，竟忘仙鬼宅。"可见"曲水流觞"之乐。

　　曲，甲骨文字形❶，这是一个象形字，《说文解字》："曲，器曲受物之形也。"许慎认为它像一个弯曲的容器，里面等待着装入东西。这个容器很像一只竹编的筐笼，筐笼上一道一道的不是纹饰，而是编起来的竹条。许慎还有一个解释："或说曲，蚕薄也。""薄"通"箔"，是养蚕的器具，多用竹制。此器具称作"薄曲"，用竹篾或苇篾编制而成。西汉开国功臣周勃，未发迹前就是"以织薄曲为生"。金文字形❷，同样很像"薄曲"的形状。小篆字形❸，变为网开一面，字形也更加美观了。楷体字形❹的口都封上，看不出"薄曲"的样子了。

288

③ ④

　　"曲"的本义就是养蚕的器具，或者是装物的筐笼，编制时要将材料弄弯，故此引申为弯曲、不直的意思，又可以引申为乐曲，段玉裁说："谓音宛曲而成章也。"也是由音乐的屈曲宛转引申而来。宋玉有一次对楚襄王说："客有歌于郢中者，其始曰下里、巴人，国中属而和者数千人；其为阳阿、薤露，国中属而和者数百人；其为阳春、白雪，国中属而和者不过数十人。"因此得出结论："是其曲弥高，其和弥寡。""下里"就是乡里，"巴人"指巴国的百姓，文化水平都很低；"阳阿"是稍微高雅一点的乐曲，"薤（xiè）露"是一曲挽歌，比喻人的命运就像薤叶上的露水，太阳一出来就干了；《阳春》和《白雪》是两首最高雅的器乐曲，能听懂的人很少。曲调越高雅，能够应和的人也就越少，这就是"曲高和寡"这一成语的来源。

　　有趣的是，古人把烟囱叫作"曲突"。这个称谓太古奥了，以致许多人都不明白为什么这样叫。东汉学者桓谭在《新论》中讲了一个故事：齐国人淳于髡（kūn）到邻居家做客，"见其灶突之直"，"灶突"就是烟囱，突出在灶台之上。淳于髡看到烟囱是直通通的，旁边堆满了柴火，就劝说邻居把烟囱改成"曲突"，即弯曲的烟囱，把柴火移走。邻居不听，结果有一天起火，直通通的烟囱拔火很厉害，屋子烧了大半。火扑灭后，邻居宴请帮忙的人答谢，唯独不请淳于髡，智者讥讽这种行为说："教人曲突徙薪，固无恩泽；焦头烂额，反为上客。"桓谭评论道，这是"贱本而贵末"之举。

《兰亭修禊图》（局部）

明代钱榖绘，纸本设色长卷，美国大都会艺术博物馆藏

　　钱榖（1508—1579），字叔宝，文徵明过其室题曰
"悬磬"，于是自号磬室，一作磬室，长洲（今江苏苏州）
人，明代画家。其所画山水绘画，虽从文徵明学习，却
颇得沈周的风韵。

　　《兰亭修禊图》取材自东晋王羲之《兰亭序》，描
绘东晋永和九年，暮春之初，王羲之与名士谢安、孙绰
等四十一人，在会稽山阴之兰亭修禊，作曲水流觞之会
的故事。这是历史上最有名的一次"修禊"。阴历三月
初三到水边嬉戏，临水洗濯，以驱除不祥，称作"修禊

（xì）"。王羲之在《兰亭序》中描述："此地有崇山峻岭，茂林修竹；又有清流激湍，映带左右，引以为流觞曲水，列坐其次。虽无丝竹管弦之盛，一觞一咏，亦足以畅叙幽情。"此图可说是忠实再现了《序》中描绘的场景。各名士随意列坐于曲水之旁，清溪中，盛满美酒的觞正顺流而下。按游戏规则，酒觞停在谁的面前，他就必须即席赋诗。众人姿态不一，神情各异，有的持卷讨论，有的奋笔疾书，有的望天凝想。周遭古树修竹环绕，端的是清雅高逸。

❶ ❷ ❸

会

把装满东西的器物盖起来

有匪君子，
充耳琇莹，
会弁如星

——《诗经》

　　"会"字的义项非常之多，但是今天的常用义项无非会合、开会、懂得等。

　　会，甲骨文字形❶，这是一个象形字，下部为底座，中间的器皿里装了一些东西，上部为盖子。也有学者认为像一座粮仓，或者有锅盖的炊事用锅。金文字形❷，上部和下部的盖子、底座还是原样，中间的器皿里装了更多的东西，而且还添加了两只把手，以方便端来端去。金文字形❸和❹，中间装的东西稍有区别，其余部分一仍其旧。小篆字形❺，更加规范化了。楷书繁体字形❻。简化后的简体字完全看不出器皿的样子了。

　　《说文解字》："会，合也。"这并不是"会"字的本义，许慎把象形字当成了会意字，而且把引申义当成了本义。段玉裁引《礼经》中的释义："器之盖曰会，为其上下相合也。"因此"会"字的本义是器物的盖子。这个本义跟"会"字的甲骨文和金文字形相符。周代的祭祀有个程序叫"启会"，意思就是打开礼器的盖子。"会，合也"是这个本义的引申义，盖子盖上了，器物自然就合在了一起。

　　今天的财务人员叫作"会计"，其实来源非常久远。周代时，大宰和小宰这两种官职的官员，要会集有

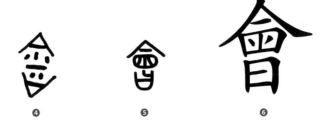

④　⑤　⑥

关的工作人员，对收支情况进行统计，每月终统计一次叫"要"，每年终统计一次叫"会"，即《周礼》所言："岁终，则会计其政。"郑玄说："司会主天下之大计。""司会"这个官职主持国家年终的核算，称"大计"。会集财务人员进行大计，故称"会计"。因此段玉裁说："凡曰会计者，谓合计之也，皆非异义也。"不过为了区别"会合"之"会"的读音"huì"，古人为"会计"之"会"添加了另外的读音"kuài"。绍兴古称会稽，就是由"会计"一词而来。据《越绝书》记载："禹始也忧民救水，到大越，上茅山，大会计，爵有德，封有功，更名茅山曰会稽。""大会计"，即大会诸侯计功；"计"和"稽"是通假字，因此而有"会稽"的称谓。

今天使用的汇票、支票等银行票据，明清时期叫"会票"，更早在南宋时期叫"会子"。为什么会有这样的称谓呢？就是从"会"字本义引申而来。这是异地支付款项的凭证，在一地交款领票，到另一地凭证兑换，两者合在一起方能支付。

"会"还有一个鲜为人知的奇特义项：缝隙。《诗经·淇奥》："有匪君子，充耳琇莹，会弁如星。""匪"，通"斐"，有文采的样子；"琇莹"，美石；"弁"，鹿皮制的帽子。这句诗的意思是：有位神采奕奕的君子，耳朵上镶嵌着美丽的宝石，帽子的接缝处也镶嵌着美丽的宝石，像星星一样闪闪发亮。这里的"会"读作"kuài"，"会"的本义既然是器物的盖子，盖上时一定会有缝隙，因此引申出"缝隙"的意思。周代礼制规定："王之皮弁，会五采玉琪。"国君的鹿皮帽上，要在缝合处缀五彩的美玉。

❶ ❷

双手捧着帽子准备戴上

"弁"这个字今天使用的频率非常低，人们最熟悉的用法大概就是军阀时代或旧小说中"武弁""马弁"等称谓，指称低级武官和他们的护兵，有时土匪的随从也俗称"马弁"。"弁"到底是什么东西？相信大多数人都想不到，"弁"乃是古代冠冕制度中非常重要的一种礼帽。

弁，甲骨文字形❶，左右两侧是两只手，中间的方形代表一顶帽子，这顶帽子就是统治阶层所戴的"冕"。徐中舒先生在《甲骨文字典》中说："殷墟妇好墓出土之石人有头戴圆形束发之冕者。"之所以作方形，是为了便于在龟甲上契刻的缘故。整个字形会意为双手捧着帽子准备戴上。

弁，金文字形❷，著名学者容庚先生在《金文编》中把这个字形厘定为"共"，很明显是错误的，因为可以清楚地看出与甲骨文的传承关系。"弁"的金文字形中的冕或作圆形，或作方形，表示的含义都是一样的。《说文解字》中还收录了作为小篆前身的籀文字形❸，上面冕的形状更为繁复。小篆字形❹，上面冕的形状虽然不大能看得出来，但双手捧帽之形仍是一致的。我们今天所使用的"弁"字，除了下面的双手之外，实在是看不出帽子之形了。

❸　　　　　　　　　❹

　　《说文解字》："弁，冕也。周曰弁，殷曰吁，夏曰收。"三代异名，实为一物。夏代叫"收"，徐中舒先生解释说："收指圜形之冕有收敛头发之用。"殷商叫"吁"，徐中舒先生解释说："吁即纻，谓圜形之冕萦纻于头上。"周代则称"弁"。

　　"弁"分两种，使用的场合也不一样：红中带黑的爵弁，用于祭祀；用几块白鹿皮拼接而成的皮弁，用于田猎战伐，因此后世的低级武官称"武弁""马弁"，就是由这一功能而来。

　　据《仪礼·士冠礼》载：周代贵族男子到了二十岁，要举行冠礼，即成人礼。行礼时由来宾加冠三次：第一次加缁布冠，"缁（zī）"是黑色，黑布冠乃周人先祖所戴，这是表示不忘先祖之意；第二次加皮弁，表示已经成人，可以田猎征战了；第三次加爵弁，表示能够参加祭祀了。

　　《诗经·国风·甫田》是一首思念远人的诗篇，最后一章写得趣味盎然："婉兮娈兮，总角丱兮。未几见兮，突而弁兮。""婉""娈"都是形容年少美好的样子；"总角"指尚未成年的男孩子、女孩子把头发扎成两髻，状如两角，"总"即系扎之意；"丱（guàn）"即指两角之形，从组合而成的左右两半字形上就能够看出来。

　　这几句诗，马持盈先生的白话译文为："婉娈的儿童，头上束着两条小辫，好像没有多久的时间，怎么他就戴起弁冠了。光阴真是过得太快，人们的生命旅程真是转换得太迅速了。"

　　"未几见兮，突而弁兮"，这两句诗把儿童从总角突然就加冠成人的光阴流逝的感喟表达得多么细腻啊！

❶　　　　　❷

盛有酒的器皿

清人程可则有诗："秬鬯分藩旧，苴茅锡命初。"古代帝王建社坛时用青、赤、白、黑、黄五种颜色的土，东方青，南方赤，西方白，北方黑，上覆黄土，分封诸侯时，按照封地所在的方位取一色土，再用黄土覆盖，然后用白茅包起来授予诸侯，"茅取其洁，黄取王者覆四方"，这叫"苴（jū）茅"。"锡命"是天子赐予的诏命。那么，这两句诗中的"秬鬯"是什么东西呢？

我们先来看"鬯"这个字，读音是"chàng"，甲骨文字形❶，这是一个象形字，像盛东西的器皿的形状，上面是器身，下面是器足。甲骨文字形❷，里面的小点代表盛的酒糟。金文字形❸和❹，下面盛的酒浆，上面盛的酒糟。小篆字形❺，下面变形成了"匕"，"匕"是用来取饭的勺子，用"匕"来舀取"鬯"中盛的酒，如此一来，"鬯"就变成了一个会意字。

《说文解字》："鬯，以秬酿郁草，芬芳攸服，以降神也。""秬（jù）"是黑黍，黑色的谷物，古人把黑黍视作嘉谷，就是吉祥的谷物。秬这种黑黍和郁金草酿成的酒就叫作"鬯"。郁金草不是现在说的郁金香，而是一种多年生草本植物，姜科，名为郁金。"秬

❸　　　　　❹　　　　　❺

鬯"合称,这种香酒用于祭祀降神及赏赐有功的诸侯。秬鬯酒"芬芳攸服",酒香芬芳浓郁,饮后使人舒泰畅达。《周易》中有"不丧匕鬯"的句子,"匕"是用丛生、多刺、赤心的小枣树制成的饭匙,长三尺,祭祀的时候用来从鼎中捞肉。匕、鬯都是祭祀用品。"不丧匕鬯",不亡失匕和鬯,意思是国家安定,能够守住宗庙祭祀之礼。

古代帝王对诸侯和大臣的最高礼遇称作"九锡",是赏赐的九种器物,分别是:一曰车马,二曰衣服,三曰乐则,四曰朱户,五曰纳陛,六曰虎贲,七曰弓矢,八曰铁钺,九曰秬鬯。"乐则"指定音、校音的器具;"朱户"指朱漆大门;"纳陛"指便于上殿的木梯;"虎贲"指勇士;"弓矢"指特制的红色和黑色弓箭;"铁钺(fū yuè)"指砍刀和大斧,是腰斩、砍头的刑具;第九种就是秬鬯。

《礼记·表记》载:"天子亲耕,粢盛秬鬯,以事上帝。""粢(zī)"是祭祀时用的谷子,"粢盛"就是盛在祭器内以供祭祀的谷物。粢盛和秬鬯都是天子亲耕的仪式中用来祭祀上帝的东西。《诗经·江汉》中有"秬鬯一卣"的诗句,"卣(yǒu)"是青铜制的椭圆形酒器,用这种酒器盛秬鬯。周代还有"鬯人"的官职,专门负责管理秬鬯这种香酒的保存和使用。舀鬯酒还有专门的器具,叫鬯圭,是玉制的,把鬯酒舀出来再斟到酒器里。

"鬯"这种香酒的使用有严格的等级区分,据战国时期齐国的淳于髡所著《王度记》载:"天子以鬯,诸侯以薰,大夫以兰芝,士以萧,庶人以艾。""薰"是名为蕙草的香草，"兰芝"是兰草和灵芝，"萧"是艾蒿，"艾"是供针灸用的艾草。可见"鬯"只能供天子专用。那么，天子用它来干什么呢？周代有个官职叫小宗伯，负责掌管王国祭祀的神位，祭祀的时候，小宗伯要做一件在今天看来稀奇古怪的事，这件事叫"大肆"："王崩，大肆以秬鬯渳。""肆"的本义是摆设，陈列；"大肆"是把天子的尸身陈列出来；"渳（mǐ）"是动词，清洗尸身。这句话的意思是：天子驾崩之后，小宗伯要先"大肆"，然后用秬鬯这种香酒来清洗天子的尸身。这就是"天子以鬯"的真正含义。

❶　　　　　　　❷

　　简化后的"区"字，里面是一个叉，与日文汉字差不多，这个字不容易看出区域、区别之意。而繁体字"區"，里面有三个口，又是怎么表示的区域、区别之意呢？

　　区，甲骨文字形❶，这是一个会意字，左下侧的一竖一拐表示"受物之器"，里面的三个口即是所受之物。甲骨文字形❷，大同小异。甲骨文字形❸，"受物之器"变成朝下覆盖之形。金文字形❹，"受物之器"的形状变成了覆盖三面，只留一个出口，而且将三件物品串联了起来。小篆字形❺，恢复了内外结构。

　　《说文解字》："区，踦区，藏匿也。从品在匸中。品，众也。""踦（qī）"是倾侧的样子，段玉裁解释为"委曲包蔽"，意思是"受物之器"需要倾侧一下才能将物品装入其中，装好之后，从外面就看不到这些物品了，因此"区"的本义是收藏、藏匿。

　　"区"里面的"品"字，许慎解释为"众庶也"，谷衍奎在《汉字源流字典》中把"众庶"理解成奴隶，认为"区""会奴隶逃亡藏匿之意"，但"众庶"指的是平民百姓，并非指奴隶。

　　还有人认为"区"里面的三个口表示大量的人口聚居，而外面的"匸（xì）"表示城墙，"区"因此会意为"有

❸ ❹ ❺

城墙保护的大片聚居地"。张舜徽先生根据古时"区"和"丘"为通假字这一现象分析道："区有藏意，犹丘有聚义耳。区从品在匸中，品谓物之多也。品从三口，训众庶，既以称人，亦以指物。"而"丘"乃小土山，最初所藏的当然是物，不可能是人，因此"区"里面的三个口应该训为物品。

白川静先生则独辟蹊径地认为"区"里面的三个口是"置有向神祷告的祷辞的祝咒之器"，外面的"匸""乃秘密地举行仪式的圣所，属于隐蔽的场所"，因此，"摆列有众多的祈祷用具的场所称'区'"。古人造字，首先从日常生活中取材，白川静先生的解释虽然新颖，但毕竟离日常生活过于遥远。

《左传·昭公七年》中有"吾先君文王，作《仆区》之法，曰'盗所隐器，与盗同罪'"的记载，是理解"区"的本义的最佳例证。"先君文王"指楚文王。杜预说"仆区"乃是楚国的刑书之名，一条条具载刑法条文的法律文本。东汉学者服虔解释说："仆，隐也；区，匿也。为隐亡人之法也。""亡人"指逃亡者，"隐亡人"即今天所说的窝藏之罪。这个解释倒是符合谷衍奎所谓"会奴隶逃亡藏匿之意"，但《仆区》之法的具体条文则是："盗所隐器，与盗同罪。"意思是盗取他人行窃后隐藏起来的赃物，也属于盗窃罪。"区"正对应"隐器"，指藏匿起来的器物，联想一下"区"字中藏匿在里面的那三个口，多么形象的写照啊！

段玉裁又说："区之义内藏多品，故引申为区域，为区别。"这就是"区"当作区域、区别之意的引申。

这是一幅"春信式"绘历。江户后期的日本使用太阴历，月份区分为三十天的大月和二十九天的小月，每年大小月的排列组合都不同，记载大小月份变化的年历成为日常生活必需品。明和二年（1765），江户的俳谐诗人之间开始流行交换一种精致的图画日历（木刻"绘历"），铃木春信适逢其会，领导了大幅彩色木版"绘历"的创制，从此"锦绘"开始大行其道。这幅绘历将标记月份的数字巧妙隐藏在画中人物衣服的花纹里，是"春信式"绘历的一贯做法。

春信构图多用自然风景或建筑物，背景总是充满抒情意味和诗的意境。这幅画可能是一套双联画的左幅，画面上一个年轻的持伞男子悄然藏身于"区"字形竹编围墙内，神情安静，又似略带一点甜蜜期待。他是来见情人的吧，故意在情人拉开障子门的时候藏起来，想给对方一个惊喜呢，还是顽皮心起，要戏弄一下对方呢？

❶　　　　❷

相撞发出巨响的铃铛和铃舌

惟彼陶唐，有此冀方

——《尚书》

　　《尚书·五子之歌》中吟咏道："惟彼陶唐，有此冀方。"冀方泛指中原地区；陶唐既是部落名，又是地名，著名的帝尧为其领袖，因此帝尧又称唐尧。《尚书》中这两句诗是歌颂帝尧定都冀州而统治天下四方。

　　唐，甲骨文字形❶，有学者认为这是一个会意字，上面是钟铃状的乐器，下面是"口"，会意为说话像铃铛一样响亮，说大话。这同样也是许慎的解释，《说文解字》："唐，大言也。"大言即大而无边之言，当然就是形容说大话。我认为这种解释是错误的，因为帝尧既然以"唐"为号，那么"唐"一定是一个褒义的字，帝尧绝不可能自诩擅长说大话。

　　我认为这是一个象形字，整体就像钟铃状的乐器，上部是铃铛的外形，下部不是"口"，而是铃舌。甲骨文字形❷，上部更像铃铛的外形。甲骨文字形❸，按说铃铛和铃舌是一体的，中间有线绳相连，但是在前两个字形中，铃铛和铃舌却是分离的。这第三个字形，铃铛和铃舌结合为了一体，更有说服力地证明了整个字形就像钟铃状的乐器之形。金文字形❹，何其美观的一只铃铛！小篆字形❺，上部的铃铛变形得厉害，竟然变成了好像两只手持杵的样子，以至于白川静先生根据小篆字形，误释为双手持杵春米，并进而认为"唐"

302

③　　　④　　　⑤

的本义是碾制奉献给神灵的白米。

　　如此一个铃铛状的"唐"字，本义到底是什么呢？在《论衡·正说》篇中，王充先说："唐、虞、夏、殷、周者，土地之名。尧以唐侯嗣位，舜从虞地得达，禹由夏而起，汤因殷而兴，武王阶周而伐，皆本所兴昌之地，重本不忘始，故以为号，若人之有姓矣。"然后认为这几个国号乃"功德之名，盛隆之意也"，而"唐之为言荡荡也"。什么叫"荡荡"？《尚书·洪范》："无偏无党，王道荡荡。"《论语·泰伯》："子曰：'大哉尧之为君也！巍巍乎！唯天为大，唯尧则之，荡荡乎，民无能名焉。'"可见"荡荡"一词是形容德行广大，正如顾野王在《玉篇》中所言："尧称'唐'者，荡荡，道德至大之貌。"

　　"唐之为言荡荡也"，显然是称赞帝尧德行广大。钟铃状的乐器发出声音的时候，响声荡漾开去，很远就可以听到，而且馀音袅袅，因此用钟铃之形来造"唐"字，本义即为广大、浩荡，哪里是一个贬义的字？由"唐"所组的词也都是中性词，并无贬义的成分。《庄子·天下》篇中说："庄周闻其风而悦之，以谬悠之说，荒唐之言，无端崖之辞，时恣纵而不傥，不以奇见之也。"这是庄子称赞"古之道术"的话，他很喜欢这种道术，以幽玄的理论，以广大的言语，以无边无际的言辞，时时恣意发挥而不拘执，不持偏见。"荒唐"的意思是广大、漫无边际，这才是"荒唐"一词的本义。

　　至于唐朝以"唐"为国号，乃是因为唐高祖李渊的祖父李虎被封为唐国公，李渊后来继承了这一爵位。值得说明的是，李虎所封的"唐"地，正是陶唐氏部落和帝尧的故地。

用长短不一的木条编成单扇门

有扁斯石，履之卑兮
——《诗经》

❶

"扁"这个汉字，今天使用最多的义项就是用来描述物体扁平的形状。但是，从字形上怎么能够看出来扁平之形呢？换言之，古人造出这个字来表示扁形之意的时候，看到的是什么？想到的又是什么？这是一个非常有趣的追索过程。

甲骨文中还没有发现"扁"字，也就意味着这个字的出现较晚，金文字形❶，左边是表示半扇门的"户"，右边则是"册"。小篆字形❷，改换为上下结构，但下面的"册"并非像今天这么规整，中间的四竖、五竖长短不一，没有一定之规。

《说文解字》："扁，署也。从户册。户者，署门户之文也。"许慎的意思是说，"册"表示文字，把文字题写到门户之上，这就叫"扁"。据此则"扁"即"匾"的初文，指匾额。

许慎在《说文解字·叙》中缕述文字的演变，其中说："秦书有八体：一曰大篆，二曰小篆，三曰刻符，四曰虫书，五曰摹印，六曰署书，七曰殳书，八曰隶书。""殳（shū）"是竹木所制的长柄兵器，因此用作兵器的代称，"殳书"即指铸于兵器上的铭文。

❷

　　徐锴引南齐宗室萧子良的话说："署书，汉高六年萧何所定，以题苍龙、白虎二阙。"张舜徽先生在《说文解字约注》一书中进一步解释说："此即后世门堂题字之始。门堂题字，今犹谓之扁额，或称榜书……《后汉书·百官志》云：'孝子顺孙，烈女义妇及学士为民法式者，皆扁表其门。'此又后世旌闾之事所由昉也。"

　　多数学者都认为"扁"的本义就是在门户上题字，而横在门楣上的这块题字之匾一定是宽而薄的，因此引申为扁平之形。当"扁"用于扁形之意时，又分化而造出一个"匾"字，外面的框形表示匾有边框。

　　不过，事实恐怕并非如此。徐中舒先生在《甲骨文字典》中质疑道："然汉墓出土简册之形制，皆由大小长短相同之札编结而成，并非一长一短。"也就是说，书册之"册"的竹简是长短相同的，这样才便于书写和装订，但"扁"中的"册"却长短不一。

　　白川静先生在名篇《作册考》一文中提出的观点非常有说服力："册字的古义大概就在扁字之中，册当即栅之初文，像扁门的扉形。考卜辞金文中的册字，其直枝有三条至六条的各形，而其长枝上部亦有稍呈圆状者。至于横的二编，或两端相连而成圆形，或一端相连一端上下分开，或两端与长枝平齐……这些都是编木成扉的形状，不可能是长短不齐的简札或龟板。"

　　在《常用字解》一书中，他还指出："金文中，有二'册'中间画有

动物之字形，这表示关着牛羊等牺牲的
'牢闲'（槛）之扉。"

综上所述，"扁"的本义应当指"编
木成扉"的单扇门，因形状扁平，故引
申为扁平之形；而且早在诗经时代就
已具备这个义项。《诗经·小雅·白华》
是女子怨恨男人无良心之诗，最后一章
吟咏道："有扁斯石，履之卑兮。之子
之远，俾我疧兮。""疧（qí）"指病。
意思是说：有一块扁平的石头，你踩在
上面也就显得卑下了。如今你远离了我
另结新欢，就像踩在扁石上一样显得卑
下，想起来我就会病痛啊！

"扁"当作匾额的义项，不过是更
晚的引申义了。

《瓮牖图》（局部）

元代赵孟𫖯绘，绢本设色，台北"故宫博物院"藏

    赵孟𫖯（1254—1322），字子昂，号松雪道人，吴兴（今浙江湖州）人，乃宋朝皇室后代。诗文清远，书画复唐宋古风，为后世所宗。他开启了以"写意"为主的文人画风，集前代大成，题材广泛，设色独特，讲求绚烂之极仍归自然，被称为"元人冠冕"，对后人影响深远。

    这幅《瓮牖图》画的是子贡见原宪的故事，出自《孔子家语》。二人皆列入孔门七十二贤。子贡指端木赐，卫人，经商相鲁致富。原宪，字子思，宋人，乐道隐居而贫。子贡见原宪，发现其居所乃一间桑木为门轴，破瓮为窗口的陋室。论家产二子可谓贫富悬殊。此画意在昭示君子贫而无谄，富而无骄，以德乐道之理。画面上从瓮窗口可见屋内正读书的原宪，他听到门声，侧头张望。叩门者是子贡的随从。门是一扇简陋的"编木成扉"的单扇门。此画山石无皴，仅勾勒轮廓，后填以青绿，人物衣纹行笔柔畅有力，有唐人古风。

索

用手搓草做绳索

鹿裘带索，鼓琴而歌　——《列子》

❶

❷

《小尔雅·广器》："大者谓之索，小者谓之绳。"这是绳和索的区别。还有一种说法是："麻丝曰绳，草谓之索。"我们来看看"索"的这两个特征。

索，甲骨文字形❶，这是一个象形字，于省吾先生说："索本像绳索形，其上端歧出者象束端之馀。"从字形来看，这是用两股草绳拧成的一条"索"，从下往上拧，拧成之后在上面打了一个结，这个结就是"其上端歧出者象束端之馀"。甲骨文字形❷，右下方添加了一只手，表示用手在搓绳，上下的几个黑点表示搓绳时掉落的草屑。这就变成了一个会意字。甲骨文字形❸，下面添加了两只手。金文字形❹，上面添加了一个屋顶，表示是在屋子里面搓绳子。小篆字形❺，中间还保持着绳索的样子，但是左右的两只手却变形得厉害。楷体字形则连手都省略了。

《说文解字》："索，草有茎叶，可作绳索。"用草拧成的绳索当然比用麻丝拧成的绳索大，因此"大者谓之索"。《列子·天瑞》篇中写道："孔子游于太山，见荣启期行乎郕之野，鹿裘带索，鼓琴而歌。"荣启期是一位隐士，鹿裘则是隐士的标准装束，隐士当然清贫，

❸ **❹** **❺**

荣启期就清贫到用草拧的绳索当作衣带束起鹿裘，但仍然鼓琴而歌，一副怡然自得的样子。

周代有大司徒一职，掌国家之土地和人民。据《周礼》记载，荒年的时候，大司徒救济百姓，使百姓不离散的措施共有十二条，第十一条叫作"索鬼神"。绳索是农事或者打猎的用具，比如将猎取的野兽捆缚起来，因此可以引申为求取，"索鬼神"就是向鬼神祈祷，求取鬼神的保佑。古时岁末要合祭百神，称作"蜡祭（zhà jì）"。《礼记·郊特牲》载："蜡也者，索也，岁十二月，合聚万物而索飨之也。"意思是聚起收获的农作物和牲畜，求取鬼神来享用这些祭品。此外还有"索祭"之称，"索祭祝于祊"，"祊（bēng）"是宗庙之门，"索祭"就是在庙门处祭神，求取神的保佑。

"索"字还有很多有趣的义项。陆游《老学庵笔记》中载："今人谓娶妇为索妇，古语也。孙权欲为子索关羽女，袁术欲为子索吕布女，皆见《三国志》。""索妇"其实也就是求取妻子之意。这里又出现了汉语中的一个有趣现象——反义同字或反义同词，即一个字或一个词既可以表示正面意思又可以表示反面意思。"索妇"曰"索"，"索"不到妇竟然也叫"索"！清人李调元在《卍斋琐录》一书中说："丈夫无妇曰索，见《字汇补》。按古人谓索居即鳏居。""索"的本义是用手搓成的绳索，反义则可形容绳索散开，因此"索"引申为离散，比如离群索居，即指和同伴离散而孤独地散处一方。"丈夫无妇曰索"即由此而来。

"索"又可由绳索引申为发辫。《资治通鉴》卷六十九中司马光有一段议论，其中说："宋、魏以降，南北分治，各有国史，互相排黜，南谓北为索虏，北谓南为岛夷。"胡三省解释说："索虏者，以北人辫发，谓之索头也。"原来，北朝之人都留发辫，因此被南朝蔑称为"索虏"或"索头"，南朝学者沈约所撰的史书《宋书》中甚至专列了一章《索虏列传》！